青少年成长必读：人文科学知识丛书

影响人类进程的大事

彩图版

张 轩 ◎ 主编

天津出版传媒集团
天津科学技术出版社

图书在版编目(CIP)数据

影响人类进程的大事/张轩主编. —天津：天津科学技术出版社，2012.4（2019.6重印）

（青少年成长必读·人文科学知识丛书）

ISBN 978-7-5308-6937-6

Ⅰ.①影… Ⅱ.①张… Ⅲ.①世界史—青年读物②世界史少年读物 Ⅳ.①K109

中国版本图书馆CIP数据核字（2012）第057249号

影响人类进程的大事
YINGXIANG RENLEI JINCHENG DE DASHI

责任编辑：郑　新

出　　版：	天津出版传媒集团 天津科学技术出版社
地　　址：	天津市西康路35号
邮　　编：	300051
电　　话：	（022）23332674
网　　址：	www.tjkjcbs.com.cn
发　　行：	新华书店经销
印　　刷：	三河市燕春印务有限公司

开本 700×1000mm 1/16　印张 9　字数 150 000
2019年6月第1版第3次印刷
定价：29.80元

前言
FOREWORD

  微风吹落露珠,可以带给我们一种曼妙的声音;朗月点缀夜空,可以让我们欣赏到一幅靓丽的图画;旷谷弥漫着幽香,可以让我们陶醉于一种亦真亦幻的悠远意境当中……这一切的幸运,完全得益于我们身处现代文明——只有当物质丰富到可以随心所欲支配的程度时,我们才有可能静下心来体会这种妙不可言的感受。

  在历史长河中,总有一些人和事令我们怦然心动,让我们永远铭记。本书以极其简练的文字,大量珍贵的历史图片,记录了人类值得记忆的每一个精彩的瞬间,生动地再现了波澜壮阔而极具震撼的历史画面。在编撰的过程中,我们力求从不同的视角,将杰出事件的重要性呈现出来,使青少年朋友在完整、全面的阅读中受到启发,从而受益无穷;在感受历史的同时,牢记历史的经验和教训,了解世界的发展轨迹。

目录 CONTENTS

- 哈拉巴文化
  ——最早的古印度文明/ 6
- 《汉谟拉比法典》诞生
  ——世界上最古老、最完整的法典/ 8
- 埃赫那吞宗教改革
  ——一神教的开端/ 10
- 卡叠石大战
  ——以少胜多的一战/ 12
- 《荷马史诗》
  ——文学上的绝妙之作/ 14
- 爱琴海文明
  ——欧洲文明的起源/16
- 罗马建国
  ——大国的崛起/ 18
- 儒家文化的形成
  ——中国传统文化的精髓/ 20
- 道家思想的创立
  ——"无"之道/ 22
- 希波战争
  ——雅典的崛起/ 24
- 希波克拉底创医学
  ——医学之父的贡献/ 26
- 古希腊哲学体系
  ——西方哲学的开端/ 28
- 亚历山大东征
  ——希腊帝国的全盛/ 30
- 西罗马帝国的灭亡
  ——封建社会的开始/32
- 《查士丁尼法典》颁布
  ——封建社会的开始/ 33

- 十字军东征
  ——宗教性军事行动/ 35
- 活字版印刷术的发明
  ——世界文明的进步/ 37
- 成吉思汗的帝国霸业
  ——结束中国北方的分裂割据/38
- 英法百年战争
  ——世界最长的战争/ 40
- 拜占廷帝国的崩溃
  ——中世纪的结束/42
- 欧洲文艺复兴
  ——科学与艺术的革命/43
- 哥伦布发现新大陆
  ——全新世界的诞生/ 46
- 东方新航路开辟
  ——商业革命的前兆/ 48
- 马丁·路德宗教改革
  ——新教教派的形成/ 50
- "无敌舰队"覆灭
  ——大英帝国崛起/ 52
- 英国资产阶级革命
  ——"光荣革命"/ 54
- 欧洲启蒙运动
  ——"天赋人权"/ 56
- 工业革命
  ——社会结构大变革/58
- 拉瓦锡创立近代化学
  ——近代化学的奠基人/ 60
- 美国独立战争
  ——一个国家的诞生/62
- 亚当·斯密《国富论》
  ——经济学的百科全书/ 64
- 法国大革命
  ——封建专制的末日/66
- 詹纳发明天花疫苗
  ——人工免疫的先例/ 68
- 拿破仑帝国的兴亡
  ——荣耀法兰西/ 70
- 南美洲独立
  ——顽强的民族斗争/ 72

- 维也纳会议
  ——逆潮流时代而动 / 74
- 电磁感应现象
  ——电气时代到来 / 75
- 摄影技术的问世
  ——永恒的瞬间 / 78
- 第一次鸦片战争
  ——中国屈辱的开始 / 80
- 马克思主义诞生
  ——社会主义奠基者 / 82
- 太平天国
  ——伟大的农民运动 / 84
- 克里米亚战争
  ——第一次现代化战争 / 86
- 钢铁时代的到来
  ——快节奏生活开始 / 88
- 意大利统一
  ——人民革命战争 / 90
- 达尔文与《物种起源》
  ——划时代的里程碑 / 92
- 美国南北战争
  ——迈向强国之路 / 94
- 俄国农奴制的废除
  ——一场根本的革命 / 96
- 明治维新
  ——一场制度上的革命 / 98
- 普法战争
  ——欧洲军事格局的改变 / 100
- 巴黎公社起义
  ——无产阶级专政 / 102
- 俾斯麦统一德意志
  ——德国走向强大 / 104
- 芝加哥工人大罢工
  ——"五一"节的由来 / 106
- 福特汽车的产生
  ——汽车时代的到来 / 108
- 奥林匹克运动会
  ——全人类的盛会 / 110
- 戊戌变法
  ——一次爱国救亡运动 / 112

- 第一架飞机
  ——人类的飞天之梦 / 114
- 1904年日俄战争
  ——帝国主义掠夺性战争 / 116
- 辛亥革命
  ——封建制度的末日 / 118
- 萨拉热窝事件
  ——一战导火索 / 120
- 第一次世界大战
  ——一场空前浩劫 / 121
- 爱因斯坦创立相对论
  ——人类思想中最伟大的成就 / 124
- 十月革命
  ——第一次胜利的社会主义革命 / 126
- 《凡尔赛和约》
  ——帝国主义重新瓜分世界 / 128
- 弗莱明发现青霉素
  ——抗生素时代来临 / 130
- 世界经济危机
  ——大萧条来临 / 131
- 罗斯福"新政"
  ——用国家调节缓解矛盾 / 132
- 第二次世界大战
  ——世界人民反法西斯战争 / 134
- 偷袭珍珠港
  ——太平洋战争的开端 / 136
- 《大西洋宪章》的制定
  ——联合国宪章的基础 / 138
- 太平洋战争
  ——战争史上的绝笔 / 139
- 德黑兰会议
  ——加速二战结束进程 / 142
- 印度独立
  ——非暴力不合作 / 143

哈拉巴文化
最早的古印度文明

哈拉巴文化的发现，将印度的历史向前推进了近1500年。哈拉巴文化所处的时期，古印度已进入奴隶制发展阶段，与同期的埃及、两河流域水平相当。当时的人们已经创造了结构独特的文字，建立了高度发达的城市经济，而且广泛地和其他各文明民族进行着贸易往来。

哈拉巴文化晚期的主祭司（或是神）的胸像

古老的印度河默默流淌了上千年，哺育了两岸的印度儿女。20世纪初，考古学家在印度河流域陆续发现了许多城市和村落的遗址，在佛塔的废墟里，他们找到了几块刻着动物图形和令人费解的文字的石制印章。

其实，早在19世纪末，就有考古工作队相继来到这里进行了发掘和整理，最终发现这里是一座重要的古代城市废墟。这一考古发现，向世人证明了印度河文明与两河流域的苏美尔文明一样古老而灿烂。

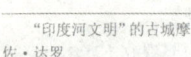

"印度河文明"的古城摩亨佐·达罗

这座标志着"印度河古文明"的古城，就是举世闻名的摩亨佐·达罗。摩亨佐·达罗与另一座城市哈拉巴一起，被考古学家和历史学家称为"哈拉巴文化"。摩亨佐·达罗是公元前2600～前1900年的一座庞大而富饶的城市。这个城市的主人就是达罗毗荼人，是世界上最早种植棉花并用棉花织布的民族之一。他们创造了独特的文字，还发明了相当精密的度量衡方法，建立了高度发达的城市经济，而且广泛地和其他各文明民族进行着贸易往来。古城摩亨佐·达罗遗址的发现证明：包括现在印度和巴基斯坦的古印度也和埃及、巴比伦、中国一样，是人类文明的摇篮。

这座古城最早是一些小小的村庄。后来才渐渐连在一起，形成了一个大城市。摩亨佐·达罗城墙周长约5千米，城里住着4万多居民，分卫城和下城两部分。卫城是城堡区，四周有又高又厚的砖墙和塔楼。卫城中央的建筑物是一个砖砌的大谷仓，占地几千平方米。谷仓下建有通风管道，能使空气在下面流通，这在古代遗址中是仅有的发现。下城是居民住宅区。市内街道四通八达。这些街道排列整齐，主干道有10米宽，可以并排通行8辆大车。街道上有距离相等的路灯杆，晚上人们也可以出行。家家都有水井和庭院，而这些建筑都是用相同尺寸的砖块修建的。

印度是地球上屈指可数的几个人类文明发源地之一，而哈拉巴文化被印度学专家称为印度文明"第一道曙光"。哈拉巴遗址中精美的陶塑。

而另一座城市哈拉巴，和摩亨佐·达罗相距遥远，一个在印度河上游，一个在印度河下游，但是城市布局却非常相似，这很可能是出自同一个建筑师的设计。在哈拉巴，考古学家还发掘出了很多的青铜镰、锯、小刀、钓鱼钩、剑头和矛头等。说明5 000年前的古印度人，他们在河谷地区耕种田地，驯养牲畜，制造陶器，过着富足的安居生活。

当时，古印度河流域已经有了文字。不过这种字大多刻在石头印章上，因此被称为印章文字。像苏美尔人一样，古印度商人在自己的财产上打上戳记。每个商人都有自己的印章。这种印章在考古发掘中共发现两千多枚。

就是这样一座无比辉煌又进步的城市，却在公元前20世纪末期突然消失，几乎没留下任何延续的痕迹。关于其消失的原因，也没有人知道。

时至今日，人们还在寻觅哈拉巴文明的踪迹，然而，自20世纪20年代挖掘工作开始以来，城中30%裸露的废墟已经坍塌，如果不能遏止这种状况，这座有着5 000年文明的古老城市将又一次销声匿迹。

《汉谟拉比法典》诞生
世界上最古老、最完整的法典

《汉谟拉比法典》的诞生创建了历史上第一个法制国家,并给古巴比伦带来近300年的辉煌。同时,它还是古巴比伦艺术的代表——因为古巴比伦王国流传下来的艺术品十分罕见,所以这部刻在石碑上的法典就显得格外珍贵。

1901年12月,由法国人和伊朗人组成的一支考古队,在伊朗西南部胡齐斯坦省的一个古城旧址上进行发掘工作。一天,他们发现了一块黑色玄武石,几天以后又发现了两块,将三块拼合起来,恰好是一个椭圆柱形的石碑。这块石碑高2.25米,底部圆周1.9米,顶部圆周1.65米。在石柱上半段,雕刻的是正义之神沙玛什端坐在宝座上,汉谟拉比国王恭敬地站在他面前,沙玛什正在把象征王权的标志——王笏授予汉谟拉比。石柱的下半段则是用仿佛箭头或钉头那样的楔形文字记录的法典的具体内容。这个石碑就是世界上最古老、最完整的一部法典。

公元前1792~前1750年,汉谟拉比一直致力于促进帝国的繁荣,他坚信能够"给臣民带来长久福祉"的唯一途径是消灭人治,"以法治国"。这样,人类历史上第一部成文法《汉谟拉比法典》诞生了。该法典分为序言、正文和结语三部分,比较全面地反映了当时的社会情况。在古巴比伦社会中,除了奴隶主和奴隶,还有自由民,这部法典的很多条文是用来处理自由民的内部关系的,处理的原则就是"以牙还牙,以眼还眼"。比如,两个自由民打架,一个人被打瞎了一只眼睛,对方就要同样被打瞎一只眼睛作为赔偿;被人打断

汉谟拉比口授法典

了腿,也要把对方的腿打断;被人打掉牙齿,就要敲掉对方的牙齿。甚至还有这样的规定:如果房屋倒塌,压死了房主的儿子,那么,建造这所房屋的人得拿自己的儿子抵命。

为了巩固奴隶主的统治,法典还规定了一些更严厉的条款:逃避兵役的人一律处死;破坏桥梁水利的人将受到严厉处罚甚至处死;帮助奴隶逃跑或藏匿逃亡奴隶的人,都要被处死;如果违法的人在酒店进行密谋,店主若不把这些人捉起来,也要被处死。古巴比伦社会里自由民还包括租种土地的小农。他们也受着奴隶主的沉重剥削,每年要把收获量的1/3,甚至是1/2缴给出租土地的奴隶主。法典中还规定:债务奴隶劳动3年可以恢复自由。但这仅仅是给自由民的一点小恩小惠。奴隶主逼迫一些还不起债的自由民成为债务奴隶,反过来又用这种规定来笼络他们。

正是依靠这部法典,汉谟拉比时期的古巴比伦成为古代奴隶制国家中统治最严密的国家。

名人名言

以灼伤还灼伤,以鞭痕还鞭痕。
——《汉谟拉比法典》原文

汉谟拉比方碑

影响人类进程的大事

9

埃赫那吞宗教改革
——神教的开端

埃赫那吞的宗教改革以一神教代替了传统的多神教，在人类社会历史上尚属首次，古埃及对一神教的崇拜也表现出宗教思想的发展。但是宗教改革失败后，保守势力的复辟却给予了埃及历史严重的影响，埃及文明从此走向停滞和衰落。

埃赫那吞

公元前前1550～前1292年是古代埃及的第十八王朝，这一时期，掌握着国家政治、经济、军事最高权力的上层统治阶级实质已经分裂成了以国王为代表的法老王室、祭司和军政贵族三大集团。法老在行使最高权力的时候往往都离不开祭司和军政贵族的支持。祭司集团的僧侣们成为全国最富有的大奴隶主，地位高于一切贵族。随着集团势力的日益膨胀，僧侣们逐渐不甘心只拥有物质财富，他们开始直接参与国家政事，逐渐形成了一支可以与王权相抗衡的势力。

古埃及浮雕（局部）。法老埃赫那吞向太阳神行效忠仪式。

阿蒙霍特普四世即位后，信奉阿蒙神的祭司集团和王权的矛盾更加表面化了。为了摆脱王权对阿蒙祭司集团的依附并削弱其势力，阿蒙霍特普四世实行了宗教改革，即后来的埃赫那吞宗教改革。

埃及人多信教，由于阿蒙霍特普四世偏爱希利奥波里城的地方神阿吞神（也就是传说中的太阳神），所以他一登上王位首先就改变世袭已久的崇拜阿蒙神的仪式，并把这作为是改革的一项重点内容。阿蒙霍特普四世宣布太阳神为全国最高的、唯一的神，命令全体子民一律供奉新神，禁止对阿蒙神和其他地方神的崇拜。由于这个神以日盘为象征，名为"阿吞"，他就把自己的名字改为埃赫那吞，意为"阿吞的光辉"。他还自称是太阳神的儿子，以此从神的信仰上来确立自己至高无上的权威。

埃赫那吞在全国范围内大搞新教崇拜，改革运动初期声势十分浩大。他从中小奴隶主和新型的军政贵族中选拔了一批新的大臣，重新形成一个完全效忠于法老王权的官吏集团。新的政权的支柱成为改革的中坚力量，改革一度出现生气勃勃的景象。为配合改革，埃赫那吞鼓励文学艺术家创作歌颂阿吞神和他本人的作品，雕刻、壁画、文学等领域由此得到了发展，杰作也不断涌现。

这一改革遭到了阿蒙祭司集团的强烈反对，埃赫那吞当即下令关闭所有的阿蒙神庙，与阿蒙祭司集团彻底决裂。他将首都迁出底比斯，在阿玛尔那的一片废墟之地上建立了新的都城，取名为"埃克塔顿"，意思是"阿吞光芒照耀的地方"。可是，阿蒙祭司集团的残余势力并不是那么容易被清除的，埃赫那吞将都城迁出底比斯，并没有像预计的那样摆脱传统旧势力的影响，结果反而让阿蒙祭司集团的复辟势力在底比斯聚在了一起，那儿成了反改革势力的中心。加上后来埃赫那吞终日沉湎于宗教冥想，疏于政务，让改革派内部也滋生了矛盾，到他统治的后期，宗教改革的气势已经大不如从前了。

公元前1326年，埃赫那吞去世，阿蒙祭司集团的僧侣们恢复了自己的势力。埃赫那吞没有儿子，僧侣们找来一位年仅9岁的男孩图坦哈吞，娶了埃赫那吞的小女儿并继承王位。在僧侣们的压力下，图坦哈吞归还了阿蒙祭司集团的土地和财富，把首都迁回底比斯，并且重新恢复了对阿蒙神的崇拜，图坦哈吞本人也改名为图坦卡蒙，意为阿蒙的鲜活形象，表示遵从阿蒙神。至此，埃赫那吞的改革宣告彻底失败。

埃赫那吞和纳芙蒂蒂塑像

卡叠石大战
以少胜多的一战

卡叠石之战是古埃及与赫梯之间发生的一场著名的战役。当初,来自小亚细亚的赫梯人不断向外扩张,攻占了叙利亚和巴勒斯坦,为了消除心腹之患,埃及人在拉美西斯二世的带领下,在卡叠石拉开了战争的序幕。

拉美西斯二世是古埃及第十九王朝的法老,赫梯人是与他同时期存在的另一股势力。赫梯人不断向外扩张,给古埃及造成很大的压力,成为埃及最大的心腹之患。于是,法老拉美西斯二世亲自带兵出发,向赫梯国发动了猛攻。接到战报的赫梯王一下子慌乱了,虽然自己的军队战无不克,并不会惧怕埃及的军队,但想想埃及此次派出了10万人马,要怎么抵御呢?他让大臣们都想想,看谁能想出好的办法来。

满屋的大臣们面对这10万人马,也都乱了阵脚,谁也不知道该怎么办。正在赫梯王为难的时候,将军纳丁向赫梯王

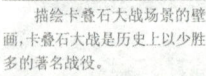

描绘卡叠石大战场景的壁画,卡叠石大战是历史上以少胜多的著名战役。

进献了一条妙计，赫梯王听后，表示同意，于是决定就按他说的来。

第二天一早，埃及的部队就到了卡叠石城。赫梯人看见埃及法老的战车，装饰着黄金和宝石，十分华丽。接到探子的报告，说是已经到了卡叠石城，埃及法老于是下令让部队放慢了行进的脚步。正当他欣赏周围景色的时候，卫兵上来报告，说是抓住了两个间谍。这两个人扮作了牧人的模样，交待说赫梯王为了避免冲突，已经命令军队退出卡叠石城了。拉美西斯二世听了心中暗喜，带着警卫部队迅速来到了卡叠石城下。其实这两个人是赫梯王专门派去的，埃及法老果然中计。到了晚上，他又派出两名间谍到埃及的营地里一探虚实。

埃及法老正在准备第二天的战事，又有士兵来报抓住了两个间谍。这两个可不像前两个那么老实，被打得皮开肉绽的，才交待出赫梯人明天要来反攻。拉美西斯二世正想继续追问的时候，一个卫兵跑进来报告说，赫梯人的部队已把他们包围了。

天还没亮，拉美西斯二世就决定突围。埃及军队一出动，赫梯人被打得头都抬不起来。赫梯国王马上组织了反攻，击退了有限的埃及士兵，直攻埃及的军营。拉美西斯二世见情况不妙，带着大臣们就跑，还下令让人把他护身的狮子放出来。赫梯骑兵被狮群击退，冲进埃及军营内的士兵则开始抢夺埃及法老和大臣们留下的财物。埃及人的先锋部队这时候赶到，把混乱中的赫梯军队打败了。

赫梯国王把最后剩下的1 000辆战车和3 000名士兵的后备部队组织起来，进行了第三次冲锋。埃及部队人数愈来愈少了，他们的第三梯队从敌人后面杀了过来，替他们解了围。赫梯军队只能败退。

卡叠石大战后，赫梯和埃及就结了仇怨。双方持续了整整15年的拉锯战，到最后两败俱伤。公元前1258年，新赫梯王与埃及讲和，双方在卡叠石签订了《银板文书》，这也是流传至今世界上最早的一份有文字记录的和平条约。

影响人类进程的大事

名人名言

从此互相信任，永不交战；而且，一国若受其他国家欺凌，另一国应该出兵支援……
——《银板文书》中的内容

阿布辛拜勒神庙

《荷马史诗》
文学上的绝妙之作

长篇叙事诗《伊利亚特》和《奥德赛》被称为古希腊的两部伟大史诗，它内容风趣，文字优美生动，是古希腊文学艺术中的瑰宝。相传，这两部史诗都是古希腊诗人荷马的作品，所以又称作《荷马史诗》。史诗中反应的这段时期也被称作"荷马时代"。

荷马有点像卖唱的艺人，飘游四方，把自己的诗朗诵给大家听，来换取食宿。吟唱时，他用一种七弦竖琴伴奏，非常动听。相传，荷马是个盲人，他没有用笔写下自己的诗篇。据说，那些史诗是荷马根据别的行吟诗人口头吟唱的有关历史事迹、神话和传说编集成的，人们非常喜欢听他的吟唱，记住了那些锦绣一般的诗句。荷马死后，这些伟大的诗篇一代一代流传下来。

荷马坐在爱奥尼亚一座神殿前的宝座上，胜利女神给他加冕，在荷马的脚下，伊利亚特和奥德赛席地而坐，周围簇拥着一群作家、哲学家、建筑学家、音乐家和统帅，他们向荷马恭贺。

其中，他的两部大型史诗《伊里亚特》和《奥德赛》几乎成为了古希腊文明的代名词。《伊利亚特》描写的是特洛伊战争。传说，伊罗斯曾经在特洛伊建造了一座坚固的城堡，因此，那里又叫"伊利翁"，意思是"伊罗斯的城堡"，《伊利亚特》的诗名就是这么来的。这部长诗主要叙述特洛伊战争最后一年的故事。而《奥德赛》的主人公就是那个献"木马计"的足智多谋的希腊英雄奥德修斯,讲述了特洛伊战争以后,奥德修斯在海上漂流10年,经历种种艰险,终于回到祖国的故事。

很长一个时期里,许多人认为《荷马史诗》描写的都是凭空捏造的神话。但有些考古学家和历史学者却执著地相信《荷马史诗》反映的是真实的历史。德国考古学家谢里曼在少年时代读《荷马史诗》就入了迷,深信里面讲述的那些故事的真实性,并且下决心要把特洛伊城发掘和考证出来。

1871年,他动身去土耳其的希沙立克。经过研究,他认为特洛伊遗址就在那里。谢里曼花了300金镑,从土耳其地主手中买下一块地基,雇了几百名工人进行发掘。几年之后,他发现了几座古城的遗迹和大量的铜制兵器和金银宝物,但却无法确切证实那里就是特洛伊的遗址。后来,谢里曼又转到希腊去发掘迈锡尼的文物,迈锡尼就是攻打特洛伊城的主帅阿伽门农统治过的王国。谢里曼决心要把阿伽门农的坟墓找出来,用它证明《荷马史诗》中叙述的特洛伊战争的真实性。幸运的是,他一连发现了6座古坟。为此,谢里曼宣布,他发现了阿伽门农等人的坟墓。这一宣布引起轰动和争论,学者们都认为不论发现的古坟是不是阿伽门农的,谢里曼的确证实了《荷马史诗》中讲述的那个时代不是虚构的,而是真实存在过的。1882年,念念不忘寻找特洛伊城遗址的谢里曼同另一个考古学家一起,又到了希沙立克,在那里他们继续挖出了几座古城。1890年,谢里曼去世了,他的同事继续进行发掘,终于挖出了第六座古城,用出土物品及城市建筑的遗迹和《荷马史诗》中的描写互相对照,证明希沙立克确实是特洛伊城的遗址。不过,它存在的年代比《荷马史诗》所记述的还要早些。有人据此把在荷马时代以前就存在过的高度发展的文化称为爱琴海文明,爱琴海文明对古希腊的历史、文化有直接的影响。

> 出自荷马史诗《奥德赛》。奥德修斯在回家途中,为抵御鸟形的寒壬神甜美歌喉的诱惑,以免走向覆灭,他用蜂蜡将水手的耳朵堵上,并把自己绑到船的桅杆上。

名人名言

大部分伟大作家都有一种平静而宏厚的眼光……荷马、莎士比亚和其他一些伟大的小说家,他们的作品中就不乏宽容、大度和仁慈的气息。

——爱丽丝·默尔多赫

爱琴海文明
欧洲文明的起源

爱琴海沿岸可说是克里特和古希腊文明早期的摇篮,而克里特岛又是爱琴文明的发源地。爱琴海文明出现在希腊文明之前,是最早的欧洲文明,也是西方文明的源泉。

希腊克里特岛克诺索斯宫殿的壁画,它反映出米诺斯文明一派繁荣的景象。

爱琴海文明的发源地克里特岛,当地的原始社会在公元前3000年左右开始逐渐解体,岛上的一些地区出现城镇和阶级分化,逐渐形成国家。这一时期克里特文明最引人注目的发展是宫殿建筑,这些宫殿在公元前2000年左右建于距海岸不远的克诺索斯,其中以克诺索斯王宫的规模最大,且有"迷宫"之称。宫殿是政治和宗教权的象征,因此宫殿的出现可能表明克里特岛这时出现了奴隶制国家。每个宫殿群体可能都代表一个独立的小城邦,这些小城邦在公元前1900~前1700年为争夺霸权可能发生过战争。克诺索斯王宫可能逐渐占了上风,取得了霸权。

国家的出现促进了文字的发展和演进,克里特的文字由最初的图画式文字发展为象形文字,又由象形文字演变为线形文字。此外,这一时期的手工业更加发达,各种的陶器制作

克诺索斯宫内部

更加精美,有的陶器壁薄如蛋壳,典型的为卡玛瑞斯式陶器,其特点是黑色背景上绘有红、白、橙等颜色的花纹,陶器上的彩画、雕塑及宫殿中的壁画都达到了很高的艺术水平,堪称古代艺术的杰作。

在克诺索斯宫西宫北侧壁画间里一幅描写克诺索斯王的宗教活动中的竞技活动——三名青年男女"斗牛"的巨幅壁画,画中这头牛正向前猛冲,一个少年在牛前全力按住牛角,牛身后的少年则脚跟离地,双手扬起,把一名体态轻盈、身着红装的少女抛向空中,少女在空中做完空翻动作后,稳稳倒立在牛背上。

克诺索斯在其强大时,不仅统一了克里特岛,而且还统治过爱琴海上的若干岛屿及希腊大陆的一些地方。关于雅典向克里特敬献童男童女以及忒修斯杀死米诺斯牛的传说反映了这一事实。

这一时期克里特文明的繁荣,一部分原因是其有丰富的自然资源,主要是羊毛和油,另一部分原因是其对外贸易活跃。传说中的米诺斯王朝时期的陶器不仅在埃及和叙利亚,而且在萨摩斯和米利都甚至在西西里都有发现。克里特王宫的辉煌一直持续到公元前15世纪中期前后,在克里特文明正值顶峰时期,法埃斯特、玛里亚和扎克里的诸宫殿遭到破坏,化为碎石和废墟,这次破坏可能是希腊人的入侵造成的。英国学者伊文斯在克诺索斯宫殿的废墟中发现了3 000多块带字的泥板,这些泥板上的文字于20世纪50年代初已被释读成功,证明写的是希腊语。这一事实表明,克诺索斯已被希腊人占领,希腊人已经开始成为克诺索斯的统治者。

公元前1400年前后,克诺索斯的最后一所王宫被毁,具体原因不详。至此,克里特文明衰落下去,再也没有恢复。此后,迈锡尼人取代米诺斯人成为爱琴海世界的统治者。公元前13世纪,迈锡尼人与小亚细亚西部的特洛伊人进行了战争并取得了胜利。公元前12世纪起,迈锡尼文明渐趋衰落,宫殿、文字、国家相继消失,以致有关克里特文明和迈锡尼文明时期的许多国家的历史长期仅存于传说之中。至于迈锡尼文明衰落的原因,仍无从考证。

罗马建国

大国的崛起

罗马的建立,影响欧洲文化至深。罗马古典文明是近代西方文明赖以发展的基础;古罗马的法律一直影响着各国法律的制定;古罗马的一些政治术语直到今天还在沿用。总之,罗马在世界历史上留下了光辉的印记。

相传古代罗马城是在公元前753年由狼孩罗穆卢斯和瑞摩斯兄弟建立。古代历史学家称罗马历史的最初阶段为"王政时代",据说从建城到公元前509年,先后共有7个国王统治罗马。这中间可以分为两个阶段,前4个国王统治时期属于仍盛行父系氏族制度的原始社会末期,虽然当时的人口规模和经济水平已接近建立奴隶制小国的条件,但社会制度仍属原始氏族社会。从后来的考古文物发现来看,这个时期没有文字、城垣神庙和宫室建筑,并不符合考古上出现国家、建立文明的三大条件,直至后3个国王的统治时期才算建立起了真正的国家。

罗马时期的青铜雕像。传说,罗马城的建立者双胞胎兄弟罗穆卢斯和瑞摩斯是靠吸食狼奶获救的。

"王政时代"后期,随着铁器工具的普遍使用,奴隶制经济与私有关系都得到了发展。大量移民涌入罗马,氏族内部的平等性质逐渐变化。贵族经济特权的加强和普通成员的贫困破产,也比以前更为剧烈。罗马内部的受压迫阶级除了最底层的奴隶,还有人数众多的平民。平民较奴隶身份自由,可以有财产,从事手工业和商业,他们处在旧的氏族和部落之外,不属于地道的罗马人。组成平民的人群,一般是被征服的其他部落的居民和外来移民，因此没有公民权，他们担负着对贵族的各种义务，必须向贵族纳税，但是却不能够和贵族通婚。另外，在氏族内部还出现了保护人和被保护人的分化，那些破产的氏族成员，逐渐落到依附的地位上去，成为被保护人，奴隶制在这个时期逐渐发展起来。

随着平民、奴隶人数的增多，他们和贵族的矛盾日趋尖锐，从而形成了改革的社会条件。"王政时代"的第六位国王塞尔维乌斯，顺应形势进行了一场改革，其改革内容有3点：第一，罗马居民，不论是贵族和平民，凡是能负担兵役的，都按财产多寡分为5个等级，财产低于5个等级的称为无产者，不列级别，每个等级按财产提供不同数目的军事百人团，以备战争之需；第二，创设百人团会议，行使审批国家重要议案的职权，凡服兵役者都可以参加，表决时，以百人团为单位，一团一票，决议案是否通过以超半数票额为准；第三，把以前的3个血缘部落按照地区划分为4个城市部落，居民按住所登记财产和户口。塞尔维乌斯改革无论从内容还是从意义上说，3个方面是相互联系着的：在国家的完全形式里，保护第一等级占优势的同时，也让平民获得了公民权，罗马真正的国家制度由此诞生。

罗马创建之初，创建者罗穆卢斯策划了一个抢劫邻族妇女的行动。他声称将为一个刚发现的圣坛举行盛大的献祭仪式，允许包括萨宾人在内的其他部族的人前来观看。当仪式开始时，罗马的士兵在罗穆卢斯的指挥下，将邻族的未婚女人全部强抢瓜分。

塞尔维乌斯是罗马"王政时代"的第六位国王。他是一个被俘虏的贵妇人之子，因为受国王夫妇的喜爱，从小被收留在宫中，长大后被招为驸马。老国王被刺身亡后，塞尔维乌斯在其岳母的帮助下登上了王位。上台后，他注意争取人心，得到了人民的拥戴。为了巩固统治，他还进行了卓有成效的改革，让罗马产生了真正的国家制度。

"王政时代"的最后一个国王卢修斯·塔克文·苏佩布专横残暴，激起了罗马人民的强烈不满，公元前510年，罗马发生了反暴政起义，次年塔克文被赶出了罗马，宣告"王政时代"的结束。

任何人不能仅因为思想而受惩罚。
——古罗马法典《民法大全》

19

儒家文化的形成
中国传统文化的精髓

孟子

儒家学派之前，百姓通过"师"与"儒"接受传统的六德、六行、六艺的社会化教育。儒家学派全盘吸收这些文化要素并上升到系统的理论高度。儒家学派的创始人孔子第一次使传统文化教育波及整个民族，这样儒家思想就有了坚实的民族心理基础。

春秋时期，由于社会内部不可调合的矛盾引起的深重危机摇撼了传统文化的权威性，对传统文化的怀疑与批判精神与日俱增，这种情况到了大变革的战国时代显得尤为突出。当时代表社会各个阶级、阶层利益的诸子百家纷纷提出各自的主张，其中一个最主要的争论焦点就是如何对待传统文化的问题。围绕这个问题而进行的思想交锋，儒、法两大思想流派最有代表性。他们旗鼓相当，论辩观点针锋相对，英者云集，皆为显学。另外还有墨家、道家、阴阳家等等学派，可谓学派林立，这是古代中国学术与言论开明的时代。

"儒"这一名词的最早记载似乎见于《论语·雍也》，其中记载孔子告诫他最得意的学生子夏说：要当就当"君子儒"，千万不要当"小人儒"，由此可见，儒名之起源应远在孔子之前。在周室衰微、礼乐崩坏的春秋大局中，孔子适应形势，创立了以"仁学"为核心的庞大思想体系，它的根本出发点是"仁者爱人"的人道主义，理论取向是现实的人文关怀；它主张仁政，强调"德治"；

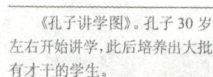

《孔子讲学图》。孔子30岁左右开始讲学，此后培养出大批有才干的学生。

重视人生的价值，强调人格的独立；追求"中庸之道""天人合一"的精神境界和社会理想。这些理论奠定了儒家思想的基本框架。孔子死后，其弟子继承和发展了孔子的思想，但作为原始儒学的定型则主要经历了孟、荀、易三个环节。

孟子从内在心性方面发挥了孔子的学说。孟子认为君子所性"仁义礼智根于心"，并在此基础上建立了以"民贵君轻""正经界""制民恒产"为基本内容的"仁政"学说。这套理论体系，因其对心性学说的发挥，而被视为道之正统，其"内圣"说更被后世所推崇。

孟子的学说只是对孔子学说的一个方面的发挥，与"内圣"相对的"外王"学说，则由荀子加以充实扩大。荀子主张治理天下应"以礼为本，礼法结合"，讲求"仁亲、义行、礼节"说。荀子派内立宗，自标新意，继承和发扬孔子的外王学说。尽管韩愈认为荀子的思想有逸出儒家框架的痕迹，但就孔子思想的内涵而言，荀子的学说仍是孔子思想合乎逻辑的发展，并成为其后儒家"重礼制、讲事功"的发展源头。

无论孔、孟，都未详说"性与天道"，即使是荀子，虽有专门的《天论》，其用意亦不过论述"天行有常、天道自然"，"圣人"必须"明于天人之分"，"不与天争职"，除此而外，还应"不求知天"。而《易传》提出的天道、地道、人道系统，恰恰填补了这一空白，使得原始的儒学的建构具有某种形而上的哲学基础。从而使原始儒家思想体系的建构最终得以完成。

总之，有孔子奠定的儒学理论的基本构架，经由孟、荀的内外扩充及《易传》形而上基础的确立，形成了一个成熟的、开放的、兼容性极强的思想体系，成为后世儒学发展的总的源头。

《孔子圣迹图》所绘为孔子周游列国，游说诸王的典故。

名人名言

好仁不好学，
其蔽也愚。
——孔子

道家思想的创立

"无"之道

老子是中国古代最伟大的思想家和哲学家,他对中国哲学的发展影响最大、最深远。他的道家思想更是植根于中国人心中。以老子为奠基人的道家文化是我国传统文化的重要组成部分。

马王堆出土的帛书《老子》

春秋战国时代,是一个大变革时代,奴隶制没落,新兴封建势力成长,这一切促成了旧的统一体向新的统一体过渡调整时的一系列变法改革,社会生产力在此条件下获得了较快的发展。随着社会财富的不断累积,宗法群体结构的不断改善,使生活在那个时代的人们的思想意识产生了很大的冲击,尤其是那些思想家,他们所经历的思想变化更为剧烈。目睹乱世,老子感触良多,他从自己的人生观出发,详细地阐明了自己对社会、人生等的理论主张,并完善体制,创立了道家的学说主张,这是思想上层建筑适应经济基础的需要而产生和发展的学说。

老子是道家思想的创始人,有关他的学说见解都记录在《道德经》里。后来思想家庄子发展了老子的学说,后人将他们合称为"老庄",共同构成了先秦的道家思想,为东汉中后期道教的形成奠定了基础。

老子哲学思想的核心是"道",早期道教即视老子为道的体现和

老子一生著作颇多,最有名的就是《道德经》。

化身。老子认为道是世界的本体，它是宇宙的起源及其普遍规律。老子用"道"对世间天地万物的由来作了解释，提出了"道法自然""小国寡民"和"无为而治"的政治主张。

老子认为，人的生存要效法自然状态，他在大声疾呼圣人无为的同时，又觉得有必要保持那种纯朴自然和团结和睦的群体关系。他的观念仍离不开宗族血缘亲情，基于此，他又提出了"小国寡民"这样一个理想社会的宏伟蓝图，在这样一个以宗族血缘亲情为纽带的自然小国里，人与人之间是一种朴素平等的关系，没有剥削，没有压迫，各自安居乐业，尽情享受人生之乐趣。在老子看来，道是经常无为的，但它却能创造一切，统治者只要听任自然，无所作为，实行较为温和的政策，人民群众就会甘心服从统治，从而出现一种非常理想的政治局面。应该说老子不满于当时奴隶主贵族统治的残暴与虚伪，是有进步性的，但他又看不惯新兴封建地主阶级的所作所为，鼓吹向后看开倒车，向往人类社会的开端，这样一种没落的阶级意识却是完全行不通的。

值得一提的是，老子的天道观虽然是唯心主义的，但却含有朴素辩证法思想因素。老子从自己的亲身经历中，看到了客观世界变幻无穷，认识到天地万物都存在矛盾对立的两个方面，并且相互依存，相互转化，这表明老子对立统一、相反相成的思维方式。在这一认识的基础上，老子进而还提出了"柔弱胜刚强"的思想，这无疑对古代兵家思想的丰富有极其积极的意义。但是，由于时代的限制，老子对事物的认识是有缺陷的，同时，他还强调"圣人不行而知"，隔绝了实践与认识的关系，显然，这是一种唯心主义先验论。

老子是我国历史上第一个提出完整宇宙观的哲学家，丰富的思想给后世以深刻的影响，在中外哲学史上享有崇高的地位。道教创立时，奉老子为教主，以老子的《道德经》为其主要经典，规定为教徒必须习诵的功课。

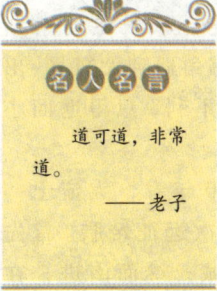

名人名言

道可道，非常道。
——老子

在春秋百家争鸣的时代，老子在中国文化思想方面的地位与影响仅次于孔子，其声望是很高的。据说老子乘青牛西出函谷关，关令尹喜先见其真气，便知真人将过，果见到老子，当他听说老子将远走隐去时，便再三恳求老子小住几日。老子被尹喜的诚意真情所感动，又见尹喜是个可塑之才，便答应在函谷关暂住。于是，尹喜在官邸设座，行弟子礼拜老子为师。上图的《老子授经图》描写的就是这个情节。

希波战争
雅典的崛起

希波战争是亚洲与欧洲之间的一场规模大、时间长的战争，结果使雅典一跃上升为爱琴海地区的霸主。从这时开始，周边的国家纷纷效仿希腊雅典，争夺海上霸权。

希波战争中的士兵

公元前6世纪中叶，波斯帝国侵占小亚细亚西部希腊城邦。公元前513年，波斯占领黑海海峡和色雷斯一带。公元前500年，遭受波斯压迫的小亚细亚西部希腊城邦以米利都为中心爆发反波斯起义。公元前494年，起义被波斯军镇压。波斯国王大流士一世出兵远征希腊本土，希波战争爆发。这场战争前后持续了将近半个世纪。

波斯是古代西亚一个奴隶制国家，它是通过征服而发展起来的大帝国。到大流士统治时期（公元前522～前486年），波斯已成为世界古代史上第一个横跨欧、亚、非三洲的大帝国。国王大流士一世对内实行改革，对外扩张侵略。早在公元前492年，大流士一世借口雅典和埃雷特里亚曾援助米利都反波斯起义，派兵远征希腊。但天不作美，军队在阿索斯海角遇到大风暴，出师不利，只得退回小亚细亚。

公元前490年春，大流士一世派出约5万人第二次远征希腊。首先攻占并破坏了埃雷特里亚城，继而南进，在距雅典城东北约40千米的马拉松平原登陆。面对强

希波萨拉米海战中，雅典舰队的三层桨战船身小而灵活。波斯战舰被击沉300艘，希腊则损失战舰40艘。

敌，雅典政府一面紧急动员全体雅典公民赴马拉松应战；一面派人前往希腊另一强大的城邦斯巴达求援，而斯巴达人以等待月亮圆才能援助为借口迟迟不肯出兵。9月12日凌晨，反波斯入侵的马拉松会战开始，希腊军民团结一心，最终以少胜多，使得波斯军溃败，退至海上回国。

李奥尼达在温泉关

希腊是一个饱经战乱的国家，从传说时代的动荡到公元前5世纪的希波战争，战事连绵不断，其中也诞生了许多英雄传说。上图就是法国画家大卫耗时15年描绘的公元前480年温泉关战役中斯巴达国王李奥尼达在叛徒出卖的情况下，解散部队，誓死不降，与留下的300近卫军全部战死的悲壮故事。

公元前486年大流士一世死亡，其子薛西斯一世即位后，延续了大流士对外扩张的政策，积极扩军备战准备再次入侵希腊。而希腊方面也不示弱，雅典扩建军港，建造三层桨战船，与斯巴达等30多个城邦建立反波斯军事同盟，准备抗击波斯军。

公元前480年，薛西斯一世率军十余万人、战船千余艘，第三次远征希腊。波斯军渡过赫勒斯滂海峡，分水陆两路进发，迅速占领北希腊，逼近温泉关。8月中旬，波斯军向温泉关发起猛攻，希腊联军顽强抗击，波斯军屡攻不克，损失惨重。后由于当地一个希腊人把波斯军引到希腊守军侧后方，致使联军死伤无数。波斯军长驱直入，占领希腊，进入雅典城。此后形势发生逆转，9月下旬，在萨拉米斯海战中波斯海军大败，薛西斯一世率海军残部仓皇退却。

波斯军第三次远征失败后，以雅典为首的希腊联军乘胜反攻。公元前478年，雅典联合爱琴海沿岸各城邦成立提洛同盟，公元前476年，希腊联军在西门指挥下攻占色雷斯沿海地区、爱琴海许多岛屿和拜占庭，公元前449年，希腊海军在塞浦路斯以东海域重创波斯军。同年，双方讲和，签订《卡利亚斯和约》。根据和约，波斯放弃对爱琴海、赫勒斯滂和博斯普鲁斯海峡的控制，承认小亚细亚西岸希腊诸城邦独立。长达40余年的希波战争至此结束，雅典成为爱琴海地区霸主。

在历史上，再没有比这两个会战（希波战争）更伟大的。

——英国军事学家富勒

希波克拉底创医学
医学之父的贡献

古希腊著名医生希波克拉底被西方尊为"医学之父",他所首创的"希波克拉底誓词"在现代医学中被视为最神圣的职业准则,成为西方医德的基础,影响着一代又一代从事医学科学的人。

希波克拉底塑像

古希腊医学受到宗教迷信的禁锢,疾病都被认为是神所赐予的,巫师们只会用念咒文、施魔法、进行祈祷的办法为人治病。许多病人不仅被骗去大量钱财,而且往往因为耽误病情而死去。为了抵制"神赐疾病"的谬说,摆脱宗教迷信,古代的许多医生都寻求着病人病情的成因和解决方案,希波克拉底就是其中一位。

希波克拉底在自己的游历生涯中,积累了大量的医学知识,积极地探索人的肌体特征和疾病的成因。在公元前430年雅典发生的那场可怕的瘟疫中,希波克拉底采用以火防疫的方法,最终挽救了雅典人的性命,成功地抵制了"神赐疾病"的荒谬说法。

希波克拉底以理性的态度对待疾病,他采用的一些有效的药方和治疗方法,创立了"体液学说"。他认为复杂的人体是由血

正给病人看病的希波克拉底

液、黏液、黄胆液、黑胆液这四种体液组成的，四种体液在人体内的比例不同，形成了人的不同气质：性情急躁、动作迅猛的胆汁质；性情活跃、动作灵敏的多血质；性情沉静、动作迟缓的黏液质；性情脆弱、动作迟钝的抑郁质。人之所以会得病，就是由于四种液体不平衡造成的，而液体失调又是外界因素影响的结果。所以他认为一个医生进入某个城市首先要注意这个城市的方向、土壤、气候、风向、水源、水、饮食习惯、生活方式等这些与人的健康和疾病有密切关系的自然环境。

盖伦与"医学之父"希波克拉底(右)切磋。这幅壁画出自于希腊拉丁姆阿纳尼的教堂地下室。

希波克拉底指出的癫痫病的病因被现代医学认为是正确的，他提出的这个病名也一直沿用至今。希波克拉底对骨折病人提出的治疗方法，是合乎科学道理的。为纪念他，后人将用于牵引和其他矫形操作的臼床称为"希波克拉底臼床"。另外，希波克拉底对骨骼、关节、肌肉等都很有研究，他所确立的医学观点对以后西方医学的发展有巨大的影响。

希波克拉底也是西方最早明确提出医师职业道德准则的人。由他提出的誓约，已经成为西方每一所医学院的学生们必须宣誓遵从的誓约，这就是有名的希波克拉底誓约。

誓约中说："我愿尽我的能力与判断，用医疗帮助患者，决不用以伤害人及用于不正当目的。我决不受人要求去毒害任何人，也决不建议人去这样做。我将使我的生命和技艺保持纯洁而神圣。不论进入任何人的住宅，我将帮助患者，我决不故意做错事与伤害人，不论他们是奴隶或自由人。不论我在执业时，以及工作以外与人接触中，所见所闻，只要不应对外揭露，我决不宣泄，而将其视作神圣的秘密予以保守。"

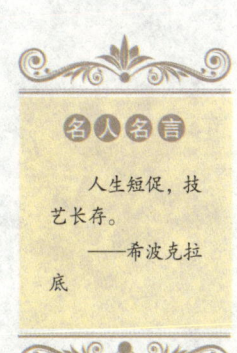

名人名言

人生短促，技艺长存。
——希波克拉底

27

古希腊哲学体系
西方哲学的开端

古希腊是西方哲学的发源地，苏格拉底、柏拉图、亚里士多德这三位有师承关系的哲人是该时期出现的杰出代表人物，他们不仅对当时希腊及欧洲社会的产生、发展起了积极的促进作用，而且也对后世西方文化的发展产生了深远的影响。

古希腊哲学在很多方面都为现代科学与现代哲学的发展铺设了道路，而"希腊三贤"——苏格拉底、柏拉图和亚里士多德更是将古希腊哲学发展到一个辉煌的新高度。早期希腊哲学家对后世所产生的影响从未间断，从早期基督教神学、穆斯林哲学到文艺复兴，再到启蒙运动和现代的普通科学都可见得到。

据说，苏格拉底因家境贫寒而无力从师，他所有丰富的知识全靠自己刻苦自学得来。苏格拉底认为，哲学的任务只限于探讨与人生幸福有关的道德伦理问题。从他的基本思想倾向来看，他的哲学思想属于唯心主义范畴。他提倡知识道德合一，认为美德基于知识，源于知识，而二者的获得则有赖于教育。他倡导的以明辨是非为目的的教育方法是首先认识自己的无知。苏格拉底一生从未执笔著述，西方学者都

苏格拉底(左)柏拉图(中)亚里士多德(右)

喜欢把这位无一著述的哲人作为希腊古典哲学发展的分水岭，统称他之前的哲学为前苏格拉底哲学。

柏拉图从20岁起就跟随苏格拉底学习，苏格拉底死后，柏拉图曾离开雅典在外游历，学习到了毕达哥拉斯学派和巴门尼德的哲学思想，使他的唯心主义哲学带上了神秘的色彩。12年后回到雅典，创立了柏拉图学院，在那里讲授哲学直到逝世为止。柏拉图认为精神是第一性的，现实是第二性的，神是自然界的精神本原。柏拉图从唯心主义的观点出发，认为在"现实世界"之上还存在着一个超经验的"理念世界"。尽管现实世界变动不已，但是理念世界总是不变的。在他看来，真正的知识不能得之于现实世界，而必须到理念世界中去寻找，人世间的真、善、美都存在于人的理念世界当中。柏拉图虽然是唯心主义者，但是他在交谈和论战中发展了辩证法。他认识到相反意见的对比在认识真理过程中的意义，解决了概念、判断、推理等问题，发展了逻辑学。柏拉图死后，他所开设的讲授哲学的柏拉图学院却沿袭近千年，为后世留下了很深的影响。

在一个阴暗坚固的牢狱中，牢门半开，从门缝中射进一束阳光。苏格拉底坐在床边，他裸露着久经磨难的瘦弱身子，高举有力的左手继续向弟子们阐述自己的见解和观点，同时镇静地伸出右手欲从弟子手中接过毒药杯，面临死亡毫无畏惧。弟子们聚精会神地倾听老师的演讲。亲人们有的陷入深深的悲哀，有的扶墙悲痛欲绝。

亚里士多德的思想是希腊哲学的一个转折点。在他以后的许多科学家都转入了具体问题的研究。在具体问题的研究上面，他第一个运用了经验考察的观点，取得了天文、物理、生物学等多方面的成就。尤其值得一提的是，亚里士多德在逻辑学方面取得的成就。他创立了形式逻辑，成为第一个专门而又系统地研究思维及其规律的人，他的逻辑学观点，后来被他的学生汇编成一本名为《工具论》的书，该书主要论述了演绎法，对形式逻辑的发展有很深远的影响。亚里士多德是希腊哲学和科学的集大成者，在他死后的几百年里，甚至没有一个人能够像他那样对知识做过系统考察和全面掌握。他在对自然科学的研究中，认识到了物质世界的存在是自明的，无可怀疑的，但他却不能够坚持唯物主义观点，最终只是在唯物主义和唯心主义之间徘徊。

人生最终价值在于觉醒和思考的能力，而不只在于生存。
——亚里士多德

亚历山大东征

希腊帝国的全盛

亚历山大东征促进了当时东西方的经济和文化交流，促使希腊文化与科学几乎在各个领域都处于领先地位。这些文化成就带来的是一系列科学发明，这些发明创造又在东西方各国得到了运用，推动了当地社会的发展。

少年亚历山大

地处希腊北部边陲的马其顿王国原本只是一个不起眼的小国，但在公元前4世纪一举成为超过希腊诸城邦的军事强国。在兴起之前，马其顿曾被希腊人视为蛮荒之地，被排除在希腊世界之外。到公元前4世纪中叶，马其顿国王腓力二世执政，这个国家开始登上历史舞台。公元前336年，腓力二世遇刺身亡，他的儿子亚历山大受军队的拥戴登上王位，时年20岁。亚历山大自幼接受希腊文化教育，酷爱希腊文化。野心勃勃的他在继位之后，就梦想着征服世界，并且使世界希腊化。因此，他在一登上王位后，就励精图治，从政治、经济、军事等各个方面施行改革。通过改革，马其顿王国迅速成为军事强国。在平定国内叛乱和希腊反马其顿起义之后，亚历山大便开始了对东方的远征。

公元前334年春天，由

公元前333年，亚历山大的军队在伊苏斯大败波斯军队，俘获的波斯士兵不计其数，其中包括大流士三世的母亲、妻子和两个女儿。

30 000步兵、5 000骑兵、160艘战舰组成的东征军，在亚历山大率领下，渡过赫勒斯滂海峡，踏上了波斯帝国的亚洲领土，当时，波斯帝国已极度衰弱。亚历山大以快速的攻势轻易地征服了小亚细亚半岛。公元前333年秋，大流士三世亲率大军与亚历山大展开了著名的伊苏斯战役，结果大流士三世弃阵而逃，波斯大军随之崩溃，亚历山大再获全胜。此后，联军获得战争主动权，打开了通往叙利亚、腓尼基的门户。

马其顿军队征服了波斯的全部领土，建立起横跨欧、亚、非三大洲、幅员空前辽阔的大帝国。

公元前332年，亚历山大挥军南下，沿地中海东岸前进，攻占叙利亚，顺利进入埃及，他自封为法老。联军在尼罗河口兴建亚历山大城，作为他继续东征的后方基地。公元前331年春，亚历山大又率军向波斯腹地推进。10月初，在底格里斯河东岸的高加米拉以西与波斯军主力对阵。大流士三世此时已组织了较强的新军，集结的军队来自24个部族。双方展开了激烈的骑兵战和肉搏战。希腊联军骑兵主力纵队利用缺口迅速攻入敌阵，直逼波斯大营。大流士三世逃遁，波斯军惨败。联军乘胜南下夺取巴比伦，占领波斯都城苏萨和波斯波利斯以及米底古都埃克巴坦那，摧毁了大流士三世政权，掳掠金银和其他战利品无数。公元前330年春，亚历山大引兵北上追击大流士三世，大流士三世被其部将谋杀，古波斯帝国及阿契美尼德王朝灭亡。马其顿军队征服了波斯的全部领土，建立起横跨欧、亚、非三大洲、幅员空前的亚历山大帝国。

公元前327年，亚历山大率军由里海以南地区继续东进，经安息（帕提亚）、阿里亚、德兰古亚那，北上翻越兴都库什山脉，到达巴克特里亚（大夏）和粟特。前325年侵入印度，占领印度河流域，他还企图征服恒河流域，但是经过多年远途苦战，士兵疲惫不堪。由于印度人民的顽强抵抗，加之疟疾的传染，毒蛇的伤害，士兵拒绝继续前进，要求回家，亚历山大不得不放弃东进计划，公元前325年7月从印度撤兵。前324年，其陆军回到波斯利斯和苏萨，舰队在底格里斯河口靠岸，随后返抵巴比伦，东侵即告结束。

名人名言

把战争带给亚洲，把财富带回希腊。

——亚历山大大帝

西罗马帝国的灭亡
封建社会的开始

西罗马帝国的灭亡，在世界史上有着重要影响，它结束了欧洲奴隶社会的历史。但是，由于入侵罗马的蛮族文明较为落后，使罗马社会的各个方面都遭到了前所未有的洗劫。致使在欧洲进入封建社会后，不但没有得到进步，反而倒退了一大步。

> 成堆的玫瑰花瓣，掩盖着放纵的狂欢。罗马皇帝黑利阿加巴卢斯和他的妻妾们在充满奢华和淫逸的气息中打发着无聊的日子。这位皇帝统治仅4年便被自己的禁卫军杀死，死时年仅18岁。

公元1～2世纪是罗马帝国的强盛时期，奴隶主穷奢极欲，过着荒淫无度的生活。皇帝为了炫耀帝国的豪华，经常假借各种节日和纪念日举行盛大的活动。然而，到公元3世纪，罗马的奴隶制便出现了严重的危机，农业衰落，政局动荡，帝国的没落已成无可挽回之势。

西罗马帝国的衰亡是一个历经数百年的过程，它并不是发生在公元476年的一个单一事件。公元前73年爆发了著名的斯巴达克起义，这是罗马历史上最大的一次起义。奴隶的起义给罗马的奴隶主统治阶级以沉重打击，动摇了帝国的统治基础。与此同时，统治者争权夺利的斗争越来越厉害。

公元410年，阿拉里克决定打进罗马城，他向士兵们宣布：攻进罗马，可以任意抢劫3天。一个雷电交加的夏夜，穿着兽皮的哥特人吹着牛角号，冲进了罗马城，三天三夜的洗劫，四面八方的大火，使巍峨的殿宇、壮丽的宫殿化为一片焦木。意大利的平原很快变成了一片土地贫瘠、水流污浊、空气中充满病毒的荒野。抢光、烧光之后，哥特人在入城的第六天放弃了罗马，向意大利南部推进。公元476年，西罗马只有6岁的末代皇帝被废黜，罗马这个曾称霸地中海、历时12个世纪的奴隶制大帝国，终于在内忧外患的交困下灭亡了，西欧历史从此揭开了新的一页。

《查士丁尼法典》颁布
封建社会的开始

东罗马帝国皇帝查士丁尼在位期间敕令公布的《查士丁尼法典》是一部汇集罗马帝国法律的重要法学文献，在欧洲历史上属于第一部系统完备的法典。法典的颁布，使查士丁尼的皇权大大巩固，这为他发动对西方的战争打下了坚实的基础。

罗马帝国于公元395年分裂成为两部分，在西欧的一半，以意大利的罗马为中心，在历史上被称为西罗马帝国；在东边的东罗马帝国，因其帝都旧名拜占庭，所以又称拜占庭帝国。拜占庭帝国是一个横跨欧、亚、非三洲的大帝国。476年，西罗马帝国被野蛮的日耳曼部落所灭，仅剩下东罗马帝国，它的首都君士坦丁堡安然无恙。及至6世纪，随着查士丁尼登上皇帝宝座，拜占庭帝国进入了一个新的历史时期，查士丁尼确立了自己的政治目标：收回西罗马帝国的土地，恢复统一的罗马帝国。

罗马帝国时代，皇帝的权力扩大，立法权逐渐被皇帝掌握，法律和法令都开始采用皇帝敕令的形式颁布。雄心勃勃的查士丁尼加冕称帝后，为了巩固东罗马帝国的统治秩序，加强皇权统治，他采取了一系列措施。其中一项主要措施就是采取法治，系统地编纂罗马帝国的法典，这一举措奠定了欧洲日后罗马法的体系。

公元528年，他颁布一项敕令，任命宠臣、大

意大利圣维塔尔教堂的镶嵌画。画中人物为东罗马帝国皇帝查士丁尼及其随从。

名人名言

我过去是恺撒,我是查士丁尼,我因为感觉到上帝的意志而笔削诸法律……在我和教会的步骤和谐之后,我蒙受上帝的感应,立即把我的全部精神,用在那件大工作上面。

——查士丁尼

法官特里布尼厄斯组成编委会,编委们将对自共和时代以来的历代罗马元老院和皇帝的诏书进行审定,他们把所有相关材料集中到一起,分别标上发布皇帝的名号以及施行的对象与日期,然后再按照内容分类、按时间的先后顺序排列。再利用现存的所有资料,删去了敕令中已过时的和自相矛盾的部分,并修订了保留部分,另外还增加了一些新的内容。公元529年,一部10卷的《敕法汇集》编写成功,这就是著名的《查士丁尼法典》。

《查士丁尼法典》的编纂成功,是查士丁尼大帝进行立法的第一步,在此基础上,他决定收集历代罗马著名法学家的著作。特里布尼厄斯再次被指定为这项工作的负责人,他依据查士丁尼的指示召开筹备会议,选出了16名博学而有声望的法学家组成新的编委会,立即着手工作,编纂出了《法理汇要》。

今藏于罗马梵蒂冈博物馆文艺复兴时期的壁画。画中的查士丁尼大帝正将法典交给他的顾问们,而手捧法典的人是拜占庭帝国的法律权威特里波尼安。

《法理汇要》除了运用以前法律资料内容与分类模式外,博采所有法学家的著作,把内容扩大到50卷。编纂过程中,编委们不仅对所有资料进行了逐字逐句的评审,而且还对有关的名家名著及其书中不同的观点作了全面的探讨,把各书间的矛盾与疏漏一一消除。公元533年,《法理汇要》编撰完成。同年,以著名法学家盖尤斯的同名著作为蓝本,充作法科学生教程的《法学总论》一书(共4卷)也编成出版。

这些法典草案经修订后于公元534年作为正式法律生效。之后,查士丁尼又陆续颁布了一些敕令。这些敕令当时尚未被列入法典,鉴于此,查士丁尼重新选出了包括特里布尼厄斯等人在内的委员会,对原有的旧《敕法汇编》进行改版订正工作。此项工作完成以后,11月,查士丁尼敕令公布新《敕法汇集》,即《新律》。《新律》共分12卷,囊括了查士丁尼进行法制改革直至退位30年间所颁布的158件敕令的汇编,这是对《查士丁尼法典》的补充。

十字军东征

宗教性军事行动

十字军东征虽然在根本上未能动摇东西方的势力均衡,却暗地里改变着西方的文化,使科学、数学、制纸、印刷、建筑、商业和医学传入了西方,使西欧从中世纪的沉睡中苏醒过来,为后来的文艺复兴创造了条件。

十字军东征以宗教为借口——为了统一基督教合并之前分裂出去的东正教。而之所以选在11世纪,也是因为当时东西方势力对比发生了重大变化:西欧世界已经是教会大一统的体制,教皇占有绝对的统治优势;而拜占庭常年受阿拉伯人进攻,领土范围大幅缩小,因而向西欧求援,这自然成为了西欧进攻东方的最好借口;而西方要求两教会的合并为一,成为了理论依据。以此为契机,罗马教皇出面号召各个阶层形成一场浩浩荡荡的全欧洲向东开拓的运动。

罗马教皇不仅想向东方掠夺财富,还想借机扩大教会势力,让信奉基督教的骑士去占领东方,使罗马教皇成为东西方共同的最高统治者。为了实现这个美梦,1095年冬天,乌尔班二世在法国的克勒芒城召开宗教会议,他慷慨激昂地打出为了收复圣地而战的大旗,受到蛊惑的骑士们争先恐后地把基督教的标志——红十字缝在自己胸前,雄赳赳地迈出了东侵的步伐。

第二年秋天,由法国、意大利、德国西部的骑士领主组成的十字军三四万人,分别由各地出发,经过小亚细亚半岛,向耶路撒

名人名言

我梦想着十字军东征、无人知晓的探险旅行……风俗的变迁、种族和大陆的迁移:我相信一切魔术。

——兰波

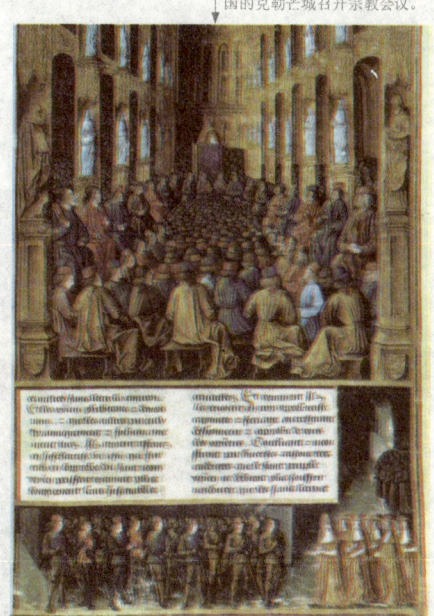

罗马教皇乌尔班二世在法国的克勒芒城召开宗教会议。

十字军在耶路撒冷疯狂、野蛮地烧杀掠夺,并在此地建立了耶路撒冷王国。

冷进军。当时小亚细亚和巴勒斯坦等地处在塞尔柱土耳其人的统治下,实际上已经分裂成一些各自独立的小国。十字军一下子打过来,这些小国难以迅速组成统一的反抗力量,十字军很快在1099年7月攻下了耶路撒冷。十字军一进入耶路撒冷这个"圣地",全然不顾长途跋涉的疲惫和激烈交锋造成的伤亡,个个显得疯狂而贪婪,居住在耶路撒冷的所有居民,包括基督教徒,都遭到了这些欧洲强盗的抢掠,而十字军人人都发了大财,并在他们占领的地区建立了耶路撒冷王国。

可是到了1187年,阿拉伯人在能征善战的领袖萨拉丁领导下,消灭了驻守在东方的十字军主力,收复了耶路撒冷。神圣罗马帝国皇帝、英国国王和法国国王又组织第三次十字军东征,但是最后被以签订合约,放弃了耶路撒冷,撤回西欧。

进军东方没有成功,13世纪初教皇英诺森三世组织的第四次东征便把矛头指向了拜占庭。按理说,拜占庭也信奉基督教,根本不应成为十字军进攻的目标。但是,这些欧洲骑士仍然毫不留情地进攻和抢劫了信奉同一个宗教的国家,拜占庭帝国将近千年的文化艺术珍品遭到了彻底的破坏。

法王路易九世(站在船中央者)率领十字军第七次出海东征,前往攻打埃及,结果无功而返。

十字军东征共9次,历时200年,它使欧洲的骑士和教会大发横财,却让东西方的劳动人民蒙受了巨大的灾难,许多农民被骗加入了十字军以后,惨死他乡,而西欧骑士想永远占领东方的美梦却始终没有实现。

活字版印刷术的发明
世界文明的进步

影响人类进程的大事

毕昇发明的活字版印刷既继承了雕版印刷的某些传统，又开创了新的印刷技术。它的出现给印刷史带来了一次重大的变革。活字版的发明和发展，不仅为更快速地印刷书籍创造了条件，而且推动了文化科学技术的传播，为人类思想的交流，作出了重大贡献。

宋朝的建立，结束了唐朝安史之乱以来出现的五代十国战乱割据局面，为恢复生产，统治者在政治、经济、农业、军事等方面采取比较宽松的政策，促进了商业的发展和社会经济的全面繁荣。在北宋中期以后，逐渐形成了一种印书的社会风气，除了政府大量组织印刷书籍、民间印书作坊的兴盛外，在士大夫阶层，也出现了一种刻书热。雕版印刷技术在这种社会经济文化背景下也获得了自身发展的重要条件。但是雕版毕竟工程浩大，要雕印一部书，需要耗费很长的时间，这对大量快速地出版书籍，无疑将是一个很大的限制。在这种历史条件下，人们希望能有一种更快的方法来印刷书籍，这就促成了活字版印刷术的发明。

北宋活字版印刷的模拟字板

自毕昇发明活字版印刷开始，后历经宋、西夏、元等数朝长达300多年的应用与发展，到了明代，我国古代的活字版技术已发展到一个较高的水平。到了清代，印刷技术得到了充分的应用，一些技术进一步被发展，特别是活字版印刷，不但使用比例大大增加，而且各种活字都有使用，木活字、铜活字、泥活字等都达到很高的技术水平。这时的印刷字体以及出版物的开本和版式逐渐规范化起来。

毕昇铜像

成吉思汗的帝国霸业

结束中国北方的分裂割据

成吉思汗建立的蒙古国，结束了长期以来蒙古部落的纷争，为统一的蒙古民族的形成奠定了基础。而建国后所创建的一系列法规条令，使蒙古向文明社会前进了一大步，不久就冲出草原，走向世界，对世界历史产生了重大影响。

在成吉思汗统一蒙古国以前，蒙古分为许多部落，除少数居住在北部森林地区从事渔猎的原始生活外，大部分居住在草原地区从事游牧。10~12世纪，蒙古先后依附于辽、金政权，接受了先进文化的影响。随着生产力的发展、私有制出现，氏族制度开始瓦解，出现了贵族、平民和奴隶的分化。部落首领和那些贵族凭借他们的权势，逐渐掌握了公共牧地和水源的支配权，拥有大量的牲畜，驱使奴隶和贫苦牧民为其放牧，在他们周围还聚集了一批勇士为其效劳，他们凭借这支武装力量，进行掠夺战争，不断扩大权势地位。

1206年，蒙古各部贵族在鄂嫩河畔举行大会，推选铁木真为全蒙古的大汗，号"成吉思汗"（意为强大的或海洋般的大汗），蒙古国家由此成立。

成吉思汗打破氏族部落的传统组织结构，建立行政、军事和生产组织相结合的统一体制——千户制，即把全国人民编成95个千户，作为行政、军事和生产组织的基本单位。千户制是基于蒙古人的游牧生活方式而建立的一种军事封建制

成吉思汗像

的政治体制，在这种体制下，所有青壮年男子皆为战士，编入军队，自备马匹和兵器，由千户长、百户长率领，随时听命出征。

成吉思汗把编成千户的蒙古民众连同管辖千户的各级那颜当作家产，分配给自己诸子、诸弟等宗室成员。按着家产分配的惯例，成吉思汗的诸子、诸弟又把他们分给各级长官，这些长官再将之分配给自己的亲族或部属。他们接受大汗或其宗亲的封赏，成为领主，并且获得世袭权力。他们在辖区内有分配牧场、征收赋税、摊派徭役、统率军队等权力。这样，就形成了以成吉思汗为首的皇室宗族的最高统治集团和各级千户贵族构成的封建统治阶级，大汗的权力高于一切，是统治阶级的最高代表者。

表现蒙古军征战的图画

成吉思汗为加强统治权力，还挑选一批强悍而有才干的贵族青年，组建一支直接听他指挥的常备武装力量——护卫军。护卫军共计1万人，他们平时承担保卫大汗的金帐、分管汗庭事务及警察等职责，战时则成为大汗亲自统领的军队，这支精锐部队是成吉思汗赖以实行军事封建专制统治的中坚力量。

成吉思汗还建立和健全司法、行政制度；设立断事官，主管司法、审判事务，审判的依据是蒙古已有的习惯法和成吉思汗所颁布的"札撒"（意为法度、军令）。建国后，成吉思汗曾数次召集大会，颁布札撒，并命令将这些札撒和他的"训言"用畏兀儿文字记录下来，编成《札撒大典》（现已失传），形成成文律法。

这样，从中央到各封地就建立起一套比较完整的司法行政体制。成吉思汗还让人教太子、诸王及贵族子弟学习畏兀儿文字，利用畏兀儿文字拼写蒙古语，记载各种事件，逐渐形成了蒙古文字。

名人名言

后人难以比肩的战争奇才。
——刘乐土

英法百年战争

世界最长的战争

欧洲历史上爆发的这场历时长达百年的战争，不论对英国或法国人民来说都是一场灾难。英法百年战争的结束，也被看做是欧洲中世纪结束的标志之一。

中世纪的欧洲，英国诸王通过与法国的一系列联姻，成为了法国诸王大片领地上的主要封臣。1328年，法国占领了境内与英国有着密切经济联系的、富庶的佛兰德尔和阿基坦地区，英王爱德华三世遂下令禁止羊毛向该地出口。佛兰德尔地区为了保住原料来源，转而支持英国的反法政策，承认爱德华三世为法国国王和佛兰德尔的最高领主，英法之间的矛盾由此进一步加深。1337年，爱德华三世称王法兰西，腓力六世则宣布收回英国在法境内的全部领土，派兵占领耶讷，战争由此拉开帷幕。

这场旷日持久的战争可分为四个阶段：第一阶段（1337～1360年），英法双方争夺佛兰德尔和基恩。在1340年的斯吕斯海战中，英海军重创法海军，夺得制海权。1346年8月的克勒西会战中，英军又取得了陆上的优势，并经11个月的围攻，占领了海岸要塞加来港。将近10年的休战之后，1356年在普瓦提埃

阿金库尔战役是英法百年战争的重要战役，亨利五世领军在法国阿金库尔以少胜多，以长弓大败法国骑兵。

战役中，法军再次被击败。英国人无限度地征收苛捐杂税和法国内部经济陷于完全破坏的状态，从而导致了法国国内大规模的人民起义，法国被迫于1360年在布勒丁尼签订和约，和约中规定把从卢瓦尔河至比利牛斯以南的领土割让给英国。

战争第二阶段（1369～1380年），为了夺回英占领区，法王查理五世（1364～1380年在位）改编了军队，整顿了税制。他用雇佣步兵取代部分骑士民团，并建立了野战炮兵和新的舰队。法军采用突袭和游击战术，到14世纪70年代末已逐步迫使英军退到沿海一带。为了保住在法国的几个沿海港埠和波尔多与巴荣讷间的部分地区，并鉴于国内形势恶化，英国遂与法国签订停战协议。

英法百年战争中交战的英军和法军。这场战争可称为世界上持续时间最长的战争，英法两国人民饱受战争的伤害。曾有一位西方历史学家说："英法战争打了100年，英法两国人们也哭了100年。"

战争第三阶段（1415～1424年），法国国内两大封建主集团发生内讧，导致国内矛盾加剧，英国乘机重启战端。1415年，英军在阿金库尔战役中击败法军，占领了法国北部，从而迫使法国于1420年5月在特鲁瓦签订丧权辱国的和约。按照和约条款规定，法国沦为英法联合王国的一部分。英王亨利五世宣布自己为法国摄政王，并有权在法王查理六世死后继承法国王位。哪知查理六世和亨利五世于1422年先后猝死，于是王位争夺战更加剧烈，法国遭到侵略者的洗劫和瓜分，处境十分困难。捐税和赔款沉重地压在英占区的法国人民身上。

战争第四阶段（1424～1453年），为了解救民族危亡，法国人民群众自发开展游击战，抵御英军。1428年8月，英军进攻法国通往南方的战略要地奥尔良城，遭遇法国军民顽强抵抗，屡攻不克的英军只好改变策略，实行长期围困。至1429年初，奥尔良守城军民几乎粮尽援绝，危在旦夕。正当法国面临生死存亡的严重关头，17岁的贞德挺身而出，向太子请战。太子任命她为救援军总指挥，率军去解奥尔良之围。骁勇善战的女英雄贞德不负众望，带领法军占领了南岸全部要塞，控制了通往南门的交通。英军见大势已去，被迫撤军，被英军围困达7个月之久的奥尔良城终于解围。奥尔良之战是英法百年战争的转折点，从此战局朝着有利于法国的方向发展。1437年法军攻取巴黎，1441年收复香槟，1450年夺回曼恩和诺曼底，1453年又收复基恩。1453年10月19日，英军在波尔多投降，战争至此结束。

圣女贞德

拜占廷帝国的崩溃
中世纪的结束

拜占廷帝国是中古欧洲历史最长久的专制君主制国家，在其延续千余年的历史中，对中世纪欧洲的政治、经济、文化和宗教发挥了重要作用。

1453年5月，君士坦丁堡被"征服者"穆罕默德二世攻陷，士兵在城内烧杀抢掠。

拜占廷帝国即东罗马帝国。公元330年，罗马帝国皇帝君士坦丁在拜占廷旧址建立新都君士坦丁堡，罗马帝国走向分裂，政治、经济重心开始东移。西罗马帝国灭亡后，东罗马帝国继续存在。自7世纪起，拜占廷帝国的疆域日益缩小，并开始了封建化的过程。但长期的对外战争、奴隶和农民的起义、外族的入侵使国力日益屠弱。

15世纪中期，奥斯曼苏丹穆罕默德二世攻陷拜占廷帝国首都君士坦丁堡，在决一死战的紧张气氛中，战争于1453年4月6日爆发。土耳其人首先从西面猛攻，他们猛烈的攻势遭到了顽强的抵抗，穆罕默德二世不得不重新制订新的进攻措施。后来，他发现城北的金角湾水面不宽，东罗马人主要依靠铁索横江来阻挡进攻，倘若能绕过铁索，从水路登陆，进行偷袭，定能在对方毫无防备的情况下攻破城池。穆罕默德二世派人到热那亚商人据守的加拉太镇，用丰厚的报酬收买了那里的商人，使商人们允许他们在加拉太北面铺设一条15千米长的木板滑道作为陆上船槽。靠着这条船槽，土耳其人终于将80艘战船拖运到了金角湾的侧面。在那里，他们架起浮桥，筑起炮台，向君士坦丁堡发动了新的攻势。

遭遇突袭的君士坦丁堡军民仍拼死抵抗，与土耳其人展开激烈的巷战，但终因寡不敌众而被攻破了城门。土耳其士兵在城里连续三天三夜大肆烧杀抢掠，许多居民被掳为奴隶，壮丽豪华的王宫被付之一炬，许多珍贵文物被抢被烧，丧失殆尽，所有的基督教文化设施都从教堂搬出，换上了伊斯兰教的壁龛，全城最大的教堂被改建为清真寺。不久，奥斯曼土耳其帝国迁都君士坦丁堡，并将城名易为伊斯坦布尔，这个名称一直沿用至今。君士坦丁堡的陷落，标志着延续千年之久的拜占廷帝国从此覆灭了。

欧洲文艺复兴
科学与艺术的革命

影响人类进程的大事

欧洲发生的这场规模浩大的思想文化运动——文艺复兴，具有一定的启蒙性质。它极大地推动了西欧从中世纪封建制度向近代资本主义的转型，在西方文明的发展、演进与更新的历程中具有极其凸显的历史地位。

欧洲文艺复兴的发生是由于社会阶层发生变化；意大利首先在封建社会内部出现的资本主义经济萌芽和新兴资产阶级为发展资本主义经济的需要；同时，随着基督教的神权思想束缚被打破，人们迫切要求看到表现自己生活的新艺术，又随着古希腊罗马遗址不断的发掘出土，人们开始出现向往古代文化的心情。文艺复兴使欧洲的科学、文化出现了前所未有的繁荣。

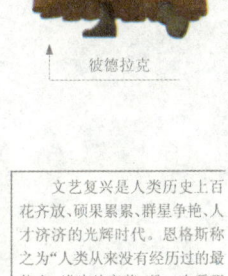

彼德拉克

中世纪时，意大利中部的佛罗伦萨在整个欧洲是最发达的，经济、政治上的先进地位，决定了它在文化上也是一马当先，因此它第一个举起了文艺复兴的大旗。文艺复兴名义上是为了恢复古典的文学艺术，实际上是当时新兴资产阶级借此名义开展的一场反对封建和发展科学技术的新文化运动。

> 文艺复兴是人类历史上百花齐放、硕果累累、群星争艳、人才济济的光辉时代。恩格斯称之为"人类从来没有经历过的最伟大、进步的变革，是一个需要巨人而且产生巨人的时代。"

文艺复兴产生在资本主义生产关系的萌芽基础之上。一定的文化是一定的政治和经济在观念形态上的反映。当时的意大利如同古希腊的城邦一样，分裂但是繁荣，意大利的城邦国家是文艺复兴的现实基础。

新文化运动首先从学

《十日谈》场景图

习和恢复被教会破坏的古典文化着手。人们把它比喻为古典文化的再生和复兴，这就是文艺复兴这个名称的由来。当然，当时思想先进的人们学习古典文化时，已经懂得在学习中注入自己的思想感情，无论是诗人但丁的《神曲》，还是小说家薄伽丘的《十日谈》，都把批判的矛头直接对着当时的教会。如但丁在《神曲》中就大胆地提出了人道和个性解放的期望，提出了"自由意志"与禁欲思想相对抗。他说"自由意志是上帝赋予人类的'最大的赠物'和'最大的杰作'"。要求人们表达个人的自由意志，抒发个人的志向，铸造自己的命运，掌握人类的历程。

中世纪教会鼓吹禁欲主义，宣扬天国观念，认为人的一切感情都具有邪恶的性质，人的肉体要腐朽，而灵魂是不灭的。所以人们活在世上必须清心寡欲，悔过赎罪，以求死后灵魂进入天堂，获得死后的幸福。人文主义者则坚决反对禁欲主义，积极提倡个性解放，肯定现实生活，主张人人都有追求财富、爱情、友谊等个人幸福的权利。

在文艺复兴运动中，著名诗人和学者彼德拉克第一次响亮地提出了"人文主义"的学说，与封建教会一贯宣传的以神为中心的学说相反，它肯定了人的伟大潜能，要求人类在摆脱精神束缚的同时，发挥智慧，享受人生的快乐，掌握自己的命运。他认为古罗马晚期到他所处的时代是一个黑暗的时代，古典文化的精华和公众品德的精华的毁灭是黑暗时代的两大标志。

在此思想的启蒙下，到了15世纪，意大利的文艺复兴运动已经成为滚滚洪流。在学习继承古典文化的基础上，出现了光辉灿烂的新文化、新艺术。

当时新文化的最大中心是佛罗伦萨，佛罗伦萨新文化的最光辉成果是艺术、建筑、绘画和雕刻。在此期间涌现出了一大批杰出的艺术大师和优秀的艺术作品，如建筑家布鲁列尼斯奇、雕刻家多纳太罗等，他们是意大利文艺复兴艺术的早期代表。他们的创作虽多借用宗教题材，但突破宗教思想，反映现实生活，为意大利文艺复兴美术的繁荣奠定了基础。到了16世纪，文艺复兴更加繁荣，呈现了绚丽多彩的局面。以佛罗伦萨为中心，意大利又产生了许多著名的艺术家，如达·芬奇、拉斐尔、米开朗琪罗等。其中，达·芬奇著名的绘画《最后的晚餐》《蒙娜丽莎》；米开朗琪罗的大理石雕像《大卫》《摩西》，拉斐尔的《圣礼之争》《雅典学派》《帕那苏斯山》等都成为影响巨大的传世之作，其宏伟的艺术价值不可估量。

达·芬奇著名的绘画《蒙娜丽莎》

正是在一批著名的文学家和艺术家推动下，文艺复兴运动轰轰烈烈地开展起来，它不但使中世纪的封建文化黯然失色，而且为资本主义在欧洲的大发展扫除了思想障碍。随着文艺复兴的展开，人文主义思想传播到欧洲各个国家，为资产阶级提供了一种新的世界观和新文化，人文主义成了一种广泛的社会思潮。这一时期的政治思想家在人文主义的影响下，在政治观念上开始摆脱神学的影响，提出了许多新颖的观点。他们从人本身出发，用人的眼光观察、解释社会政治问题，以理性与经验为根据，论证他们的政治要求和主张。

后来德国、法国、英国、西班牙等国也出现了文艺复兴，产生了许多新文艺大师。英国的剧作家莎士比亚、法国的学者拉伯雷、西班牙的文学家塞万提斯，都是欧洲文艺复兴涌现出来的灿烂群星，百花争艳、硕果累累的欧洲文坛，鲜明地昭示着中世纪欧洲的黑暗将一去不复返。

意大利佛罗伦萨作为文艺复兴的发祥地，在诗歌、绘画、雕刻、建筑、音乐各方面均取得了突出的成就。

哥伦布发现新大陆

全新世界的诞生

哥伦布的远航是大航海时代的开端，新航路的开辟，改变了世界历史的进程，它使海外贸易的路线由地中海转移到大西洋沿岸。从那以后，西方终于走出了中世纪的黑暗，开始以不可阻挡之势崛起于世界。

15世纪，几乎整个西欧都处于一种前所未有的社会骚动之中：文艺复兴带来的思想解放潮流，传统的教会体制正在走向瓦解，资本主义蓬勃发展……从思想到文化，从政治到经济，此时的欧洲社会正从中世纪的千年睡梦中醒来，既从中聚积了强大的力量，又渴望着摆脱这一历史的重负，去探索新的空间，去创造新的历史。为了梦想，为了财富，扬帆起航，向着茫茫大海，向着未知的远方，西方人将15~17世纪这段时间称为"大航海时代"。那时，欧洲是一片航海家的热土。几乎每一个人，无论平民或贵族，都怀着出海远航、为祖国开疆辟土的梦想，为自己争取名利。探索、冒险、战争、血与火、财富与荣耀，交织成一幕幕震撼人心的历史场景。

意大利人哥伦布自幼热爱航海冒险，他读过《马可·波罗游记》，十分向往印度和中国。当时，地圆说已经很盛行，哥伦布也深信不疑。他先后向葡萄牙、西班牙、英国、法国等国国王请求资助，以实现他向西航行到达东方国家的计划，但都遭拒绝。直到1492年，西班牙王后慧眼识英雄，她说服了国王，甚至要拿出自己

在西班牙王后的支持下，哥伦布的航海计划才得以实现。

的私房钱资助哥伦布，至此，哥伦布的计划才得以实施。

1492年8月3日，名为"尼尼亚"号、"平塔"号和"圣玛利亚"号的三艘轻快帆船载着总共87人从帕洛斯港启程了。船队在茫茫大西洋上向西航行整整一个月，却没有半点东方的影子，尽管哥伦布一路上使尽一切办法让船员们安心，但是争议还是发生了，包括船长在内的一部分人坚持劝说哥伦布返航，他们不相信如果继续走下去还能返回西班牙。哥伦布却不被这些反对的声音左右，他执意继续向前航行。10月11日，船队开始发现海上漂着的嫩树枝、经过加工的小木棍等来自陆地的东西。每个船员终于相信，亚洲就在前面。10月12日，他们终于看见了一片陆地，惊讶地发现了这片陆地上生活的裸体人。当哥伦布把所有船员召集起来，宣布占领该岛的时候，一些土人好奇地围着他们看。哥伦布把一些小红帽和玻璃珠子赠给这些土人，他们如获至宝。

在坚定的信念的指引，哥伦布用他的智慧与勇气带领他的团队抵达巴哈马群岛那一刻，不仅仅是一个人追名逐利的成功，而且地球上又多了一块人类表演的舞台。

在接下来的日子里，哥伦布开始寻找日本和中国，他们相信天堂城市杭州就在附近。他们误解了一个当地土人的语言，以为中国皇帝就在不远处的一个镇上，于是派遣了一个使团去朝觐住在这个镇上的"中国皇帝"。当然，最后使团带回了令人泄气的报告，他们并没有发现中国的宫殿。他们一点也不知道，中国的元朝在100年前就已结束，当时是明朝的天下。

既然哥伦布认为自己到达了印度，这种见解就随着新闻传播被公众普遍接受，西班牙国王和教皇都接受了这样的观点。于是哥伦布的误会就靠着"印度"这个词永远地记录下来，直到今天，我们还把新大陆的土著人叫作印度人，为了和真正的印度人有所区别，汉语中把美洲土著人称为印第安人。

影响人类进程的大事

东方新航路开辟
商业革命的前兆

东方新航路的成功开辟，是世界史上一件影响深远的大事，它打破了长期以来世界上各个国家、地区和民族之间相对隔绝的状态，为世界市场的形成创造了重要条件，促进了西欧封建制度的解体和资本主义的成长。

达·伽马，葡萄牙航海家，从欧洲绕好望角到印度航海路线的开拓者。

1497年7月，达·伽马奉葡萄牙国王曼努埃尔之命，率领四艘船共计140多名水手，由首都里斯本启航，踏上了通往印度的航程。

文艺复兴时期的欧洲，随着经济的迅速发展和资本主义萌芽的出现，对外贸易交流也日益发展起来，对货币的需求比以前增加了。由于《马克·波罗游记》对中国和印度的精彩描述，使西方人认为东方遍地是黄金、财宝。然而，原有的东西方贸易商路却被阿拉伯人控制着，他们在东地中海进行劫掠，并对过往商品课以重税，使欧洲市场上的东方商品价格猛涨。为了满足自己对黄金的贪欲和躲避商业危机，欧洲的封建主、商人、航海家开始冒着生命危险远航大西洋，开辟到东方的新航路。中国的罗盘针此时很适时宜地被应用于欧洲航海上，为航海家开辟新航路和远洋航行提供了重要条件。

1492年，哥伦布发现了美洲，但并没有带回大量的黄金和珍宝，巨额的利润刺激了葡萄牙国王，他决定重新开辟一条通往东方的航线。这一次，葡萄牙国王把这个重大政治使命交给了富有冒险精神的贵族子弟达·伽马。

1497年7月8日，达·伽马率领4艘船共计140多名水手，由首都里斯本启航，踏上了探索通往印度的航程。开始，他循着10年前葡萄牙人迪亚士发现好望角的航路，迂回曲折地驶向东方。水手们历尽千辛万苦，整整航行了四个月，终于抵达了好望角。好望角犹如一个死亡角，向前将遭遇到可怕的暴风袭击，水手们无意继续航行，纷纷要求返回里斯本，而此时达·伽马则执意向前，宣称不找到印度他决不罢休。在遭受了3天3夜狂浪骤雨的袭击之后，船队终于绕过好望角，闯出了惊涛骇浪的海域，进入了印度洋。

水手们在海上历尽千辛万苦，航行了近四个月，终于到了与好望角毗邻的圣赫勒章湾。

船队从那里折向北航行，1498年4月，来到肯尼亚的马林迪。在这里，达·伽马一行受到马林迪酋长的热情接待，酋长还为他们提供了一名理想的导航者。在那位阿拉伯航海家的指引下，达·伽马船队从马林迪启航，横渡浩瀚的印度洋之后，于5月20日到达印度南部大商港卡利卡特。达·伽马在这里竖立了一根显示葡萄牙权力的标柱，结果遭到当地人的强烈抵制，而那些长期垄断这里贸易的阿拉伯商人，也把他们视作自己的竞争对手，并逼迫他们离开。1498年8月，达·伽马在购买了大批的香料、丝绸、宝石和其他东方特产后，就匆匆返航了。

第二年9月，达·伽马一行回到首都里斯本，受到了葡萄牙全国上下的隆重欢迎，据说，达·伽马此次航行带回来的东方珍品的价值是全部航行费用的60倍以上，达·伽马因此被誉为"葡萄牙的哥伦布"。

达·伽马的航行标志着西欧直通印度的新航路开辟成功，这对欧、亚两洲商业和航运业的发展起了巨大的促进作用。

1498年4月，达·伽马带领船队来到肯尼亚的马林迪，得到了当地著名的阿拉伯领航员马吉德的帮助。在他的指引下，达·伽马一行安全地横越了印度洋。5月20日，他们抵达印度南部最著名的商业中心卡利卡特。

马丁·路德宗教改革
新教教派的形成

由马丁·路德引领的宗教改革是发生在16世纪欧洲的一连串反对封建神权的革命运动。这场改革随后席卷了欧洲社会的各个领域，成为欧洲资产阶级革命的起点，对欧洲各国的整个历史进程产生了不可估量的深远影响。

德意志的资本主义在15世纪时有了一定的发展，此外，教皇利用德意志的分裂和软弱，加强了对德意志的掠夺。这一时期德意志的白银产量很高，罗马教廷每年从德意志搜刮的财富相当于神圣罗马帝国皇帝每年税收额的20倍。德意志也成了被教会榨取最严重的地区，素有"教皇的乳牛"之称。这种搜刮，既不利于资本主义的原始积累，也不利于封建统治阶级的财政收入，更让广大人民的生活水平受到很大的影响。到15世纪末16世纪初，德意志和罗马教廷的矛盾成为一切矛盾的焦点，而1517年，教皇利奥十世派人到德意志兜售赎罪券，就成了宗教改革的导火索。

1517年，为反对教皇利奥十世借颁发赎罪券盘剥百姓，路德在维登堡大教堂门前贴出了《关于赎罪券效能的辩论》（即《九十五条论纲》）。《论纲》在社会各阶层引起了强烈反响，几百年来饱受罗马教会盘剥的德国人民很快把他看作德意志的救星和反抗教会的领袖加以拥戴。

路德主张精简教会机构，认为教士只是与俗人分工不同而地位平等，人性与神性之

德国宗教改革者群像，中间身材魁伟的人是萨克森选侯约翰·弗雷德里克一世。他身后是受他庇护的宗教改革者，最左边是马丁·路德，右边是菲利普·梅兰克森。

间并没有不可逾越的界限，人人都可以凭借信仰同上帝相通，而不需要教会的中介，圣经是信仰的唯一源泉。为了把这些主张付诸实践，路德出版了大量宣扬自己学说的书籍，其中包括被称作宗教改革三大论著的《致德意志贵族公开书》《教会被囚于巴比伦》和《基督徒的自由》。在这些著作中，路德的攻击矛头直指整个封建神权统治，他的学说从根本上否定了中世纪的教会组织，否定了奴役人们思想和行为的圣礼制度和教会法规。他的作为触怒了教会，1520年，教皇宣布路德的言论大逆不道，将其著作烧毁，次年开除其教籍。而路德则在贵族与群众的支持下，走上了同罗马教廷彻底决裂的道路，他甚至当众烧毁了教皇的圣谕，此举极大地鼓舞了德意志和西欧各国人民，他们更加崇敬路德，也更加向往宗教改革，一时间，由路德点燃的宗教改革之火在西欧各国已成燎原之势。

《焚烧教皇诏书》为16世纪木刻画。1520年12月，马丁·路德在威登堡当众烧毁教皇诏书。几百名围观者围着火堆高唱赞主歌，又为被烧的教皇诏书唱起送葬曲。

面对这种可怕的局面，教皇有些慌了手脚，只好一再敦促神圣罗马帝国皇帝查理五世为路德定罪。查理五世终于决定于1521年4月17日，在沃尔姆斯召开帝国会议，为路德定罪，给这样一个离经叛道的叛逆者以惩诫，同时也是杀鸡儆猴给那些路德的拥护者们看。路德并没有被教皇的淫威吓倒，他昂首挺胸地到达沃尔姆斯，在帝国会议上据理力争，毫不让步。查理五世、教皇等一帮人无计可施，只好蛮横地对路德进行人身迫害，宣布路德为不受法律保护的人。路德无法立足，只好隐居到瓦特堡，从事圣经翻译，然而这一来，他所代表的利益却逐渐发生了变化。

路德是个神学教授，本来就和人民的距离很远。当德国农民要把宗教改革变成一场推翻现存剥削制度的政治革命时，路德退缩了，成为世俗统治者的代言人。他先写了《劝基督徒勿从事叛乱书》，又开始回维登堡讲道，平息骚乱，后来又写了《反对杀人越货的农民暴徒书》，他对待农民起义的态度由劝抚、调解到力主镇压以至彻底脱离了人民。

在我们的历史上，路德不仅是最伟大的，也是德国最具有代表性的人物。

——海涅

51

"无敌舰队"覆灭
大英帝国崛起

西班牙在 16 世纪时是欧洲最强大的国家,拥有一支庞大的帆船舰队。为了与同是海上强国的英国争夺制海权,西班牙派出这支舰队远征英国,结果惨遭覆灭。英国由此成为新的海上霸主,使其由原来一个仅有数百万人口的孤岛小国一跃成为世界上头号殖民帝国。

腓力二世

西班牙和英国结下仇恨由来已久,自从哥伦布发现新大陆以后,西班牙占领了美洲广大地区,掠夺了无数金银。到 16 世纪初期,西班牙已经成为欧洲最强大的国家。同一时期,英国也有了资本主义经济的萌芽,很想向海外扩张,就和西班牙争夺美洲殖民地。到 16 世纪后期,矛盾更为尖锐。英国贵族和商人组织了一些贸易公司,专门进行海盗和走私活动,破坏西班牙的海上霸权,西班牙无法容忍英国的崛起,多次干涉英国内政。于是,为了争夺海上霸主地位,西班牙和英国已经是水火不相容了。

1588 年,英国军队击败西班牙无敌舰队。

1588 年,经过 3 年筹划,西班牙国王腓力二世派出了欧洲历史上空前庞大的"无敌舰队"远征英国,这支舰队共有各类战舰 130 艘,船员和水手 8 000 多人,摇桨奴隶 2 000 多人,船上满载 2.1 万名步兵。显然,腓力二世是要利用其步兵的优势，冲撞敌舰，在强行登舰后进行肉搏，然后夺取英国船只，经英吉利海峡直捣伦敦。英国方面共有各类战舰近200艘，载有作战人员9 000多人，全是船员和水手，没有步兵。英国的战舰性能虽不如西班牙，但霍华德和德雷克两位主帅却看准西班牙战舰体型粗笨、行驶不够灵活的弱点，他们自信地制订好了周密的迎击方案。

"无敌舰队"声势浩大地驶进英吉利海峡，英国舰队并不正面迎战，只是让少数快速舰只绕过敌舰，尾随在它后面，等待机会突袭掉队和帆桨损坏的敌舰。这种变化不定的战术，使西班牙人大为恼火。然而，这仅是两军交战的序幕，当西班牙舰队驶达法国海岸的加来港以后，真正的战斗才开始。

击败"无敌舰队"的英国人德雷克

离加来港不远，西班牙的巴尔马公爵已经集结了一批精锐的陆军部队，等待西班牙舰队帮他们渡过海峡。只要陆军在英国登陆，西班牙就会取得优势。因此，英国海军决定抓紧时机，在西班牙海陆军还没有会合时，把它的舰队打垮。德雷克精心布置了火攻战术：准备好8艘装满干柴和火药的快艇，在炮火的掩护下，向敌方中央的指挥船舰冲去。果然，8艘快艇在撞进敌阵后烈火猛烧，敌舰有的着火失灵，有的赶忙闪避，顿时乱了阵脚。本来运转就不够灵活的西班牙战舰队形一乱，就很难重整阵势，再加上这时西南风猛刮起来，100多艘西班牙战舰被打得七零八落，溃不成军。德雷克决定乘胜追击，第二天早晨，他率领60艘英国战舰出击。这些舰只虽小，速度却比西班牙舰只快一倍，发射炮火的速度竟比敌舰快4倍。双方一交火，西班牙的大战舰就完全处于被动。激烈的炮战持续了一整天，直到双方弹药用尽，轰击才告终止。

这一仗使得"无敌舰队"元气大伤，剩下的西班牙舰只乘着风势向北逃窜，准备绕过苏格兰、爱尔兰回国。狼狈逃窜的西班牙舰队弹尽粮绝，更倒霉的是在海上接连遇到两次大风暴，有的船只翻沉了，不少士兵、船员被风浪冲到爱尔兰西海岸，被英军杀死。到1588年10月，"无敌舰队"仅剩43艘残破船只，返回西班牙，以近乎全军覆没的结局惨败，"超级大国"的地位从此也就让给了英国。

名人名言

在一切军事行动中，有利时间和地点的获得即等于胜利的一半；反之，若是丧失了，则不可能重获。

——英国海军将领霍华德勋爵

英国资产阶级革命

"光荣革命"

英国进行了长达近半个世纪的复杂和曲折的斗争,最终推翻了君主专制,完成了资产阶级革命。在其影响下,欧洲和北美资产阶级革命运动陆续拉开帷幕,汇成了一股资产阶级革命的浪潮。

查理一世

新航路开辟后,英国变成了大西洋航运的中心,海外活动也十分便利。英国利用自己有利的地理位置,积极拓展海外贸易,进行殖民掠夺,英国迅速发展起来。到16世纪末期,英国打败殖民帝国西班牙,成为海上强国,这些都为英国资本主义的发展积累了大量的原始资本。在这个过程中,金融家、银行家、大商人和手工工场主,势力日益雄厚,形成新兴资产阶级,他们与从英国封建贵族分化出来的"新贵族"共同抵抗着继续实行封建专制的斯图亚特王朝,王室与新兴资产阶级间的矛盾日益加深。

17世纪,在斯图亚特王朝统治下的英国,国王查理一世实行封建专制统治,严重阻碍了英国资本主义的发展,加剧了英国的阶级矛盾。1637年,他对苏格兰人实行宗教压迫,引起苏格兰人特别是清教徒的愤慨,最终导致了苏格兰人民的起义,这成为英国资产阶级革命的导火线。

为了通过议案征收新税、筹集军费对付苏格兰

"光荣革命"是指1688～1689年英国资产阶级和新贵族发动的推翻詹姆士二世的统治、防止天主教复辟的非暴力政变。西方资产阶级历史学家因为这场革命未有流血,故称之为"光荣革命"。图为反映英国光荣革命的油画。

人民起义，查理一世被迫在 1640 年 11 月召开议会。在新的议会中，许多议员在拒绝通过征税方案的同时还提出了限制王权的要求。他们的斗争得到了城乡广大群众的支持，因此，这次议会的召开标志着英国资产阶级革命的开始。

不甘心失败的查理一世于 1642 年宣布讨伐议会，挑起了内战。内战开始，

1688 年的"光荣革命"推翻了詹姆士二世,迎来了威廉与玛丽时代。

各地的民兵集合在议会的旗帜下，组成议会军。内战结束，查理一世成为议会的阶下囚。1649 年初，查理一世被处死。同年，英国宣布成立共和国，资产阶级和新贵族掌握了政权。共和国成立后，内战中的领军人物克伦威尔独揽大权，成为实际的军事独裁者。17 世纪 50 年代初，克伦威尔就任"护国主"，他先后多次解散议会，把各项大权紧紧握在自己手中。

克伦威尔死后，政局一片混乱，农民运动也日趋高涨。为对付危机、巩固统治秩序、保住自己的利益，资产阶级和新贵族与阴谋复辟的斯图亚特王朝实行妥协。1660 年，流亡海外的查理一世的儿子回到英国，于次年登上王位，史称查理二世。

斯图亚特王朝的复辟是英国资产阶级革命的一个曲折，查理二世上台后逐渐推行反动政策，力图恢复封建专制统治，他还进行大规模的血腥报复。资产阶级和新贵族同复辟王朝之间的矛盾越来越深，斗争也愈演愈烈。由于英王查理二世无子，他的弟弟詹姆士成了王位的合法继承人。他上台后，进一步实行反动统治，鉴于这种形势，1688 年 6 月，英国国会政党发动宫廷政变，詹姆士二世被赶下台，他的女儿玛丽、女婿威廉应邀到英国共同执政。由于这场政变没有经过大规模的流血冲突就取得了成功，因此，被称作"光荣革命"。"光荣革命"是资产阶级和地主贵族之间的一场妥协，它标志着英国资产阶级革命的完成。

为了限制国王的权利，1689 年英国议会通过了限制王权的《权利法案》，这样，英国建立起君主立宪制的资产阶级专政，为英国资本主义发展开辟了道路。

名人名言

资产阶级革命面前只有一个任务，就是扫除、摒弃、破坏旧社会的一切桎梏。

——列宁

欧洲启蒙运动
"天赋人权"

启蒙运动是18世纪欧洲资产阶级继文艺复兴之后所进行的第二次反对教会神权和封建专制的文化运动。启蒙运动的基本内容包括：追求政治思想自由，提倡科学技术，把资产阶级的理性看作衡量一切思想和行为的准则等，为法国资产阶级革命奠定了思想基础。

路易十五统治下的法国，资本主义经济虽然有了较为迅速的发展，但国内政治腐败、社会黑暗，国内两个特权等级——僧侣和贵族顽固地拒绝任何改革。包括资产阶级、农民、手工业者和雇佣工在内的第三等级，只有纳税的义务，没有任何政治权利。腐朽堕落的统治者为了维护封建专制制度，对人民群众采取了严厉的镇压措施。所有这些激起了人们对封建制度的强烈不满，要求改革的呼声日益高涨。

17~18世纪在欧洲出现的启蒙运动，先后在英法等国涌现出许多杰出的启蒙思想家。他们崇尚理性，抨击天主教会和封建制度，提出以法制反对君主专制和神权专制，提倡天赋人权。在运动中逐渐形成了以法国为中心的资产阶级启蒙运动，此运动不仅对法国，而且对欧美资产阶级时期的到来做了充分的思想准备。

启蒙运动的中心在法国，伏尔泰被公认为法国启蒙运动的精神领袖。他一生不畏强权，蔑视教会，仗义执言。他通过论著及文学作品，无情地揭露和抨击法国社会的黑暗和腐朽。他反对君主专制制度，赞成实行"开明专

伏尔泰作为法国启蒙运动的精神领袖，发表了许多指导和阐释启蒙思想的著作，奠定了他的权威地位。

制",他提倡自然权利学说,认为自然赋予人类以自由平等的权利,同时他也强调自由与法制的关系。他大胆地攻击天主教会,认为教会造成了社会的无知,阻碍了社会的进步,号召消灭无知,为科学及进步而奋斗。

(左图)法国启蒙运动的先驱孟德斯鸠,(右图)法国启蒙运动中激进派的代表卢梭。

孟德斯鸠是法国启蒙运动的先驱,他最重要的著作是《论法的精神》。孟德斯鸠反对神学,提倡科学,但又不是一个无神论者和唯物主义者,他是一名自然神论者。他最重要的贡献是对资产阶级的国家和法的学说作出了卓越贡献,他在洛克分权思想的基础上明确提出了"三权分立"学说。孟德斯鸠提倡资产阶级的自由和平等,但同时又强调自由的实现要受法律的制约,政治自由并不是愿意做什么就做什么。

卢梭是法国启蒙运动中激进派的代表。在法国蒙莫朗西森林附近度过的几年是他文艺创作生涯中硕果累累的阶段,他的四大名篇《新爱洛绮丝》《民约论》《爱弥儿》《忏悔录》中的三篇问世于此时。他在《社会契约论》一书中,批判了强者自有特权、奴役天生合理之类的封建法权观念;反对富人剥削、压迫穷人的不平等现象。指出人生来就是平等的,自由的;宣称一切权力属于人民,人民的意志是国家的最高权力源泉。卢梭的"社会契约""主权在民"思想反映在中、小资产阶级反对封建君主制度、建立民主共和国参加政权的要求,其思想和学说为行将到来的法国大革命提供了重要的思想准备。

18世纪的启蒙运动,不仅为18世纪末法国资产阶级大革命做好了思想上的准备,启蒙思想成为了大革命中资产阶级的思想武器,从而推动了法国社会历史的发展;而且由法国启蒙思想家们所发出高亢激越的呼唤,使欧洲不少国家都受到了法国启蒙运动的影响。

名人名言

自由是做法律所许可的一切事情的权利;如果一个公民能够做法律所禁止的事情,他就不再有自由了。因为其他的人也同样会有这个权利。

——孟德斯鸠

工业革命

社会结构大变革

工业革命的进行,资产阶级统治的确立沉重打击了封建势力。工业革命加快了城市化的进程,促进了近代城市的兴起。工业革命还增强了欧美列强的经济和军事实力,加强了向外扩张的物质力量。

17世纪,资产阶级通过国家政权推行符合自己利益的土地政策、殖民政策,并逐步走上法制社会的道路。资产阶级从法律上保证了资本主义经济发展各要素的自由流通,从而为工业革命创造了前提。到了18世纪中叶,英国已成为海上霸主,控制了主要航道,在北美和南亚拥有广阔的殖民地。英国还是当时最大的奴隶贸易国,积极参与罪恶的奴隶贸易;从15世纪晚期开始的圈地运动到18世纪中期,自耕农在英国已消失。大批农民离开土地,为工业革命提供了劳动力的来源。到了18世纪中期,英国成为世界上最大的资本主义殖民国家,国内外市场扩大了,商品销售量随之增加,工场手工业生产已经不能满足市场的需求了,直接促使生产技术的重大变革。

工业革命实质上是近代工业化的第一个浪潮,是欧美各国从农业国转变为工业国的最初阶段。工业革命的兴起,与欧美同时期发生的政

图为一位正在纺纱的妇女。她所使用的纺纱机就是詹姆斯·哈格里夫斯发明的珍妮纺纱机,正是这台纺纱机成为了英国工业革命开始的标志。

治革命相呼应，一起推动着欧美各国从封建主义向资本主义过渡。在这场革命浪潮中，要特别提到的是：纺织机的发明、动力机器的革新、工厂的出现及交通运输业的革新。

工业革命是由一系列技术革命引起的从手工劳动向动力机器生产转变的重大飞跃，图为大量使用机器大生产的工厂内部情景。

1733年，英格兰中部的钟表匠凯伊发明了飞梭，织布功效提高；1765年，纺织工哈格里夫斯发明了一种"珍妮纺纱机"，把一次只能带动一个纱锭的纺车改革成为能带动16～18个纱锭，大大提高了工作效率，"珍妮纺纱机"的出现揭开了工业革命的序幕，成为英国工业革命开始的标志；1785年，英国的牧师卡特莱特发明了水利织布机，使织布效率提高40倍。棉纺织业中纺和织两个环节连锁反应，使棉纺织业率先普及了机器生产。

徒工出身的瓦特对蒸汽机的改良主要有两大贡献：一是汽缸外添置一个冷凝器，用来节省燃料，提高热效率；二是将活塞的上下移动，通过曲轴或齿轮变成圆周运动，从而增加功率。1785年，瓦特的改良蒸汽机被用作纺织机器的动力，并推广到其他行业，大大推动了机器的普及和发展。

工厂生产的出现，意味着自然经济的消灭和资本经济渗透到社会每个角落。工业从家庭中分离出去，是一次意义重大的与传统的决裂。工业革命使工农业生产比重发生根本变化——这是一个重大转折。它开拓了经济重心从农业转向工业的持续变化，所以也被人们称作是"第二浪潮"。

1807年，美国人富尔顿制成的汽船成功并迅速投入商业运营，为交通运输业出现开辟了水上交通的新纪元。1840年前后，英国的大机器生产已基本取代了工场手工业，机器制造业也诞生了。用机器制造机器，是英国工业革命完成的标志。工业革命完成后，农业在国民经济中的比重下降到21%，这表明英国已成为世界上第一个工业国家。

蒸汽轮船

影响人类进程的大事

拉瓦锡创立近代化学
近代化学的奠基人

人们很早就在探索燃烧的本质,而燃素说在欧洲流传了100多年,在当时是有着统治地位的学说。然而燃素说背离了客观实际,造成了许多错误。拉瓦锡经过对氧化过程的详细研究,提出了氧化燃烧理论,给化学带来了一场深刻的革命,开创了近代化学。

自1650年开始,随着冶金工业和实验室经验的积累,人们认识到可燃物能够燃烧是因为它含有燃素,燃烧的过程是可燃物中燃素放出的过程,可燃物放出燃素后成为灰烬。

拉瓦锡像

1703年,德国哈雷大学的医学与化学教授斯塔尔"燃素理论"发展成更广泛的理论体系,用以说明氧化、呼吸、燃烧、分解等很多化学现象。到1740年,燃素理论在法国被普遍接受,10年以后,这种观点成为化学的公认理论。

1772年秋天,拉瓦锡照习惯称量了一定质量的白磷使之燃烧,冷却后称量了燃烧产物的质量时,他发现其质量增加了。他又燃烧硫磺,同样发现燃烧产物的质量大于硫磺的质量,他反复又做了更细致的实验,结果仍是如此。按照燃素理论,燃烧是分解过程,燃烧产物应该比可燃物质量轻,而拉瓦锡实验的结果却截然相反。他把实验结果写成论文交给法国科学院,从此他做了很多实验来证明燃素说的错误。

最初,拉瓦锡企图从金属锻灰中分解出空气,以证明燃烧产物质量的增加是因为燃烧中参与了别的物质,但是实验一直没有成功。1774年10月,英国化学家普里斯特里访问巴黎,在欢迎宴会上他谈到"从红色沉淀和铅丹可得到'脱燃素气'"。拉瓦锡由此受到启发,11月,他加热红色的汞灰制得了氧气。

名人名言

不靠猜想,而要根据事实。
——拉瓦锡

1775年,拉瓦锡的实验重心已转移到了对氧气的研究上。他发现燃烧时增加的质量恰好是氧气减少的质量,以前认为可燃物燃烧时吸收了一部分空气,其实是吸收了氧气,与氧气化合,即氧化。这就是推翻了燃素说的燃烧的氧化理论。与此同时,拉瓦锡还用动物实验,研究了呼吸作用,认为"是氧气在动物体内与碳化合,生成二氧化碳的同时放出热来,这和在实验室中燃烧有机物的情况完全一样"。这就解答了体温的来源问题。空气中既然含有1/5的氧气,就应该含有其余的气体,拉瓦锡将它称为"碳气"。

研究了空气的组成后,拉瓦锡总结道:"大气中不是全部空气都是可以呼吸的;金属焙烧时,与金属化合的那部分空气是合乎卫生的,最适宜呼吸的;剩下的部分是一种'碳气',不能维持动物的呼吸,也不能助燃。"他把燃烧与呼吸统一了起来,也结束了空气是一种纯净物质的错误见解。

1777年9月5日,拉瓦锡向法国科学院提交了划时代的《燃烧概论》,系统地阐述了燃烧的氧化学说,敲响了燃素说的丧钟。这本书后来被翻译成多国语言,逐渐扫清了燃素说的影响。化学自此切断了与古代炼丹术的联系,揭掉了神秘和臆测的面纱,代之以科学的实验和定量的研究。自此,化学进入了近代化学时期。

正在进行实验的拉瓦锡,神情专注而认真。

美国独立战争
一个国家的诞生

美国独立战争是世界历史上第一次大规模的殖民地人民争取民族解放的资产阶级革命战争。美国独立战争的胜利,打碎了英国殖民统治的桎梏,实现了北美政治上的独立。

英法两国为争夺海上霸权和掠夺殖民地,于18世纪中期进行了7年战争,最终以英国胜利宣告结束。英国在北美接管了加拿大,控制了密西西比河以东的新法兰西,对北美殖民地全面加强控制,并征收重税,严打缉私,限制经济活动,严重损害了殖民地各阶层人民的经济利益,各殖民地相继成立议会,掀起反抗浪潮,与英国相抗衡。18世纪70年代,英国进一步执行高压政策,让殖民地人民怨声载道,1775年4月,在波士顿附近的莱克星顿,殖民地爱国者打响了反抗的枪声,揭开了独立战争的序幕。

1776年的7月4日,美洲大陆会议通过由13州代表签字的《独立宣言》,宣布正式脱离英国的殖民统治独立,然而取得独立战争胜利的道路却是艰苦的。

战争刚刚开始时,华盛顿率领的大陆军不仅兵源少,而且军事物资奇缺,所有士兵全凭满腔爱国热忱来抗击优势装备的英军。战争的前3年,大陆军一直处于劣势,英

1776年7月,美洲大陆会议通过13个美洲殖民地代表签字的《独立宣言》。

军节节进逼。纽约、费城先后被英军攻占。1777年9月,英军将领柏高英率领7000英军从加拿大出发,准备与纽约的英军两头夹击华盛顿的军队,形势非常危急。柏高英率领的英军在进入新英格兰地区时,新英格兰各州立即组织起两万民兵,抵抗英军,援助华盛顿的大陆军。大陆军和民兵趁机在密林屏障后面布下天罗地网,英军战败,被迫退往萨拉托加,陷入了重重包围之中。10月17日,柏高英宣告投降。

萨拉托加大捷对美军来说是一个转机,英军的攻势终于被阻止了,后来的战事变得越来越有利于美军。此后,两军进入战略相持阶段。在这一阶段国际环境日益向有利于美国方向发展,法国、西班牙、俄国、普鲁士、荷兰、丹麦、瑞典也先后对英作战,北美独立战争扩大为遍及欧、亚、美三大洲的国际性反英战争,英国陷入空前孤立的境地。在南部战场上,美国大陆军和民兵以游击战和游击性的运动战与敌周旋,日趋主动。英军渐感力量不支,1781年4月,英军在主将康沃利斯率领下,实行战略收缩,向北退往弗吉尼亚。美军乘势收复了除萨凡纳和吉尔斯顿之外的南部国土。

4个月后,康沃利斯的军队退守在弗吉尼亚半岛顶端的约克敦。此时在整个北美战场英军主要收缩于纽约和约克敦两点上。1781年8月,华盛顿亲率法美联军秘密南下弗吉尼亚,与此同时,德格拉斯率领的法国舰队也抵达约克敦城外海面,击败了来援英舰,完全控制了战区制海权。9月28日,1.7万名法美联军从陆海两面完成了对约克敦的包围。

在联军炮火的猛烈轰击之下,康沃利斯走投无路,于1781年10月17日请求进行投降谈判。约克敦战役后,除了海上尚有的几次交战和陆上的零星战斗外,北美大陆战事已基本停止。1782年11月30日,英美签署《巴黎和约》草案,1783年9月3日,英国正式承认美国独立。

← 华盛顿在美国独立战争中是一位成功的军事领袖,他也成为美国的第一位总统。

影响人类进程的大事

亚当·斯密《国富论》
经济学的百科全书

亚当·斯密的《国富论》是现代经济学的奠基之作，而他所提出的古典经济学的基本理论和体系框架，为古典经济学的产生奠定了基础，其中的科学成分为马克思所继承，成为马克思主义理论的三大来源之一。

在18世纪60年代以后，西方国家开始进行产业革命，这场革命使以手工业为基础的资本主义向采用机器的资本主义工厂制度过渡。英国在第一次产业革命当中成功地走在了众多西方国家的前面，成为第一次产业革命的发源地，这是由于它最早实现科技进步与经济发展并驾齐驱并相互配合发挥作用的结果。牛顿等科学家建立的近代科学知识奠定了第一次技术革命的科学基础，瓦特等工程师把科学转化为技术，造就了一个蒸汽动力时代，蒸汽动力为社会的飞速发展插上了无形的翅膀，同时也带来一些问题。

亚当·斯密所著的《国富论》，成为了第一本试图阐述欧洲产业和商业发展历史的著作。

亚当·斯密写作《国富论》时，正是英国工业革命刚刚开始的时候。他目睹了手工工场发展的成就和机器的发明及使用，结合社会发展的趋势，将当时全部的经济知识和前辈的经济理论进行了综合，呕心沥血10年，终于完成了这部划时代的巨著。

《国富论》一书，以国民财富作为研究对象，全书共分5篇。第1篇是"论劳动生产力改良的原因，并论劳动生产物分配给各阶级人民的自然顺序"。在这一篇里，他着重研究了分工与一个国家的国民财富的关系，并探讨了有关交换、货币、价值、价格和分配等问题。他还根据人们与生产资料的关系及其收入的特点，把社会上的人们划分成工人、资本家和地主三个阶级。第2篇是"论资本的性质、积累和使用"，这一篇主要阐述了他的有关资本的理论。第3篇是"论不同国家国民致富之路"，在这一篇里主要研究了国民经济的发展史。第4篇"论政治经济学上的诸体系"，这一篇中他所讨论的都是经济学史上的问题。第5篇"论君主或国家的收入"，其实就是财政学。亚当·斯密的古典政治经济学说思想，集中体现在第一、二篇中。

亚当·斯密主张发展工业，反对政府的诸多限制工业发展的陈旧规定。图为当时英格兰北部纽卡斯尔港区工业蓬勃发展的景象。

《国富论》一书的中心思想是资本主义经济自由发展，亚当·斯密站在工业资产阶级的立场上，对封建残余势力以及重商主义从理论上做了深入的批判，他极力主张把自由竞争当作永恒不变的法则；主张取消保护关税制度，废除特权公司和行会制度。他把资本主义看作是合乎自然秩序的、理想的、永恒的经济制度。

《国富论》深入系统地阐述了劳动价值论，这一理论是亚当·斯密对政治经济学的最重大的贡献。亚当·斯密认为一切生产部门的劳动都是价值的源泉。这样，他就把价值直接同劳动联系起来，撇开了劳动的具体形式，从而把创造价值的劳动归结为无差别的一般社会劳动。他率先确认了一般社会劳动决定商品的价值，为后来马克思劳动价值理论的形成奠定了基础。

亚当·斯密的另外一个理论贡献是研究了剩余价值的起源问题，他把对该问题的研究扩展到了一般社会生产的范围之中，还在劳动价值论的基础之上进一步指出，利润（剩余价值）是雇佣工人劳动创造的、超出补偿自己工资以上的那部分价值。这一认识得到了马克思的高度评价。

法国大革命
封建专制的末日

法国资产阶级革命在世界史上占有十分重要的地位，它摧毁了法国封建专制制度，促进了法国资本主义的发展，也震撼了欧洲封建体系，推动了欧洲各国革命。

18世纪的法国是欧洲大陆上的典型封建专制国家，它的农业占统治地位，工商业发达，但是专制政府不断提高税收，加重了对企业的盘剥，国内矛盾重重。大革命前夕，法国社会分为三个等级。其中第一、二等级为特权等级，包括教士和贵族，占有大量土地，享受高官厚禄，却不向国家交纳赋税；第三等级包括农民、工人、城市平民和资产阶级，占总人口的97%。农民少地或无地，工人和平民生活困苦，资产阶级要求享有政治权利，因此，国内社会等级对立严重。这一时期，法国政府受到财政的困扰。国王路易十六被迫召集三级会议，企图解决财政危机问题，却由此导致大革命的爆发。

1789年5月初，法国国王为解决财政危机，被迫在巴黎郊外的凡尔赛宫召开"三级会议"。由于在会议期间，国王只要求代表帮助解决财政问题，不谈改革，从而使人们大失所望。由此，第三等级与特权等级发生冲突，从而引发了7月14日巴黎人民起义，他们攻占巴士底狱，革命由此爆

1793年，法王路易十六被自己参与设计的断头台处死。

发。8月26日，制宪会议通过《人权宣言》。但革命初期，代表大资产阶级和自由派贵族利益的斐扬派取得了政权，制定了《1791年宪法》，召开立法会议，维护君主立宪政体，反对革命继续发展。

虽然后来第一、二等级和大资产阶级取得了妥协，但和占法国人口大多数的农民和城市平民的矛盾依然没有缓和，相反，人民在斗争

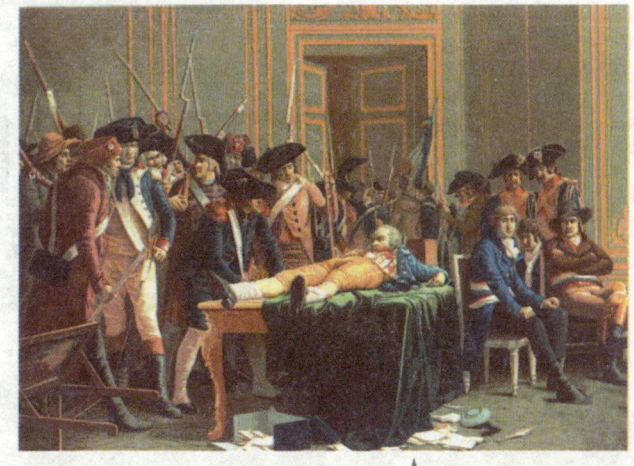

中看到了自己的力量。1792年8月10日，巴黎人民再次起义，推翻斐扬派统治，逮捕了国王路易十六。9月21日起义群众召开国民公会，次日宣布成立法兰西共和国。但当政的吉伦特派代表工商业资产阶级利益，既阻止革命深入发展，又不坚决抗击欧洲君主国家的武装干涉。保王党发动叛乱，革命形势紧急。

法国大革命的领袖罗伯斯庇尔，也是雅各宾派的领导人之一。革命后期，雅各宾派走向分裂，混乱中，罗伯斯庇尔下颚受伤被捕，最终被送上了断头台。

吉伦特派的动摇和软弱注定了它失败的政治命运，它再也没有能力担负起历史本应交给它的使命，法国需要更强硬的政权来维持局势。1793年5月31日，巴黎人民第三次起义，推翻吉伦特派统治，建立了以罗伯斯庇尔为首的雅各宾派的革命专政。颁布《雅各宾宪法》，废除封建所有制，平定吉伦特派叛乱，粉碎欧洲君主国家的武装干涉；但仍保持反劳工的《列·霞飞法》和《农业工人强迫劳动法》，并镇压愤激派和埃贝尔派。

但不幸的是，雅各宾派过激和恐怖的政策，也使它走向分裂和内讧，陷于孤立的罗伯斯庇尔也未能完全守护住法国革命的成果，而反法同盟一而再地被欧洲封建君主们拼凑起来，它们一轮轮地围剿法国革命，企图恢复法国波旁王朝的封建政治。1794年7月27日，反雅各宾派势力发动热月政变，逮捕了罗伯斯庇尔和圣鸠斯特，建立热月党人统治。这时革命最危急的关头已过去，热月党人成立了新的革命政府——督政府，他们废除了罗伯斯庇尔时期的革命恐怖政策和激进措施，建立了资产阶级的正常统治，维护了共和政体，在法国国内维护了资产阶级革命的成果。

法国大革命是最足以变古之道而使人心社会焕然一新者。
——陈独秀

詹纳发明天花疫苗
人工免疫的先例

天花是一种非常厉害的传染病，多少年来，一直像魔鬼一样威胁着人类的生命。詹纳经过不懈的研究，终于发现了天花病的克星——牛痘疫苗，从而抑制了天花的大肆蔓延。

天花是一种烈性传染病，通过接触和飞沫就能传染，感染者先出现高烧、头痛、呕吐等症状，继而全身成批出现斑疹、丘疹和脓疱等。据史料统计，16世纪，墨西哥约有350万人死于天花。17世纪，欧洲各国每年都有数万人因患天花而丧命，18世纪，英国因天花而死的人口几乎占出生人口的1/6，10岁以下死亡儿童中有1/3是由天花造成的。

直到18世纪，英国的一名普通乡村医生詹纳发明了牛痘疫苗，天花这才得到有效抑制。

詹纳在家行医时，正是天花流行的时候，几乎每个人都得过天花，许多人因此而丧命，即使侥幸活下来的人，身上、脸上也布满了非常难看的麻点，人们因此惶惶不可终日，生怕感染上这种可怕的疾病。当时，人们一直在寻找预防天花的可靠方法。

人们早就知道，受天花侵袭后痊愈的人不

1802年，医生在用牛痘血浆制造的抗天花的疫苗给人们接种。在1796年英国医生詹纳证明这种方法是有效的，但是反对之声依旧持续了一段时间。

会再感染上这种疾病。东方的一些国家也因此而出现了取轻度天花患者的痘粒脓浆或痘痂粉注射给健康者的做法。这样做是希望被接种的人只患轻度天花，并在康复之后具有免疫力。这种治疗方法在18世纪初流传到英国，并在詹纳之前已相当流行。然而，这种有独创性的预防天花措施却有一个严重的缺点：在接种之前，不能完全保证天花在新宿主身上一定是轻度的，这完全靠碰运气。

当时，詹纳所在地区的奶房女工和农夫中间流行一种疾病，人们称之为牛痘。牛痘本是牛得的一种轻微疾病，可以传染给人类。人们发现，得过牛痘的人以后就不会再得天花，而牛痘本身对人的危害又极小。詹纳了解这种情况后，意识到，如果事实果真如此，那么用牛痘接种将是对付天花的一种有效办法。为此，詹纳对此事进行了仔细的调查，终于确定，这一说法是正确的，于是他决定用牛痘直接进行实验。

詹纳正在给儿童接种防止天花的牛痘

1796年5月14日，在众人的注视之下，詹纳从一位患了牛痘的挤奶姑娘的手指脓胞处取出少量脓液，接种到一个叫菲普斯的8岁男孩身上。这个男孩在接种后稍稍有些发烧，并像预期的那样长出了牛痘，但很快就恢复正常了。詹纳为了证实这种方法的免疫性，两个月后，他再一次给这个男孩接种了他培养的真正天花菌液。实验结果证实了詹纳的推断，那个男孩后来果真没有得过天花。

詹纳的研究成果很快被译为德、法、荷、意及拉丁文在各国发表，牛痘接种法在世界范围内得到推广。天花的发病率和死亡人数大大下降。近百年来，在詹纳的研究成果的基础上，世界各国的医学家不断对天花的防治方法进行完善，与严重危害人类许多世纪的天花病魔做着长期不懈的斗争。1979年10月25日，世界卫生组织庄严地向全世界宣告：传染病天花在世界上已经完全绝迹了！这一天被定为"天花绝迹日"载入了史册。

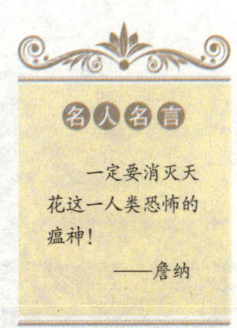
名人名言
一定要消灭天花这一人类恐怖的瘟神！
——詹纳

拿破仑帝国的兴亡

荣耀法兰西

拿破仑

拿破仑所创立的帝国，其核心是法兰西帝国，然后是一层层的附属国。这个帝国使法国资产阶级革命的思想得到了更为广泛的传播，影响了整个欧洲达半个世纪。

法国资产阶级大革命爆发后，刚成立不久的法兰西共和国政府在几年之内就卷入了同几个外国列强战争的急流之中。1799年11月，拿破仑发动"雾月政变"，在法国建立执政府，自任第一执政。拿破仑上台后的首要问题就是暂时结束多年来的战争，他同俄国人讲和，与奥地利人缔结《吕内维尔条约》，与英国也达成了和平协议。1804年5月，拿破仑称帝。次年，奥地利、普鲁士和英国签订盟约，俄罗斯也随即加入反法同盟。新生的拿破仑帝国面临当时欧洲最强国家的联合夹击。

此时，拿破仑也在为入侵英国积极准备。他在海峡沿岸

莱比锡大会战

集结大量兵力以及几千条帆船和驳船，让部队进行海上和登陆两栖作战训练。拿破仑率军不断打击英国在欧洲大陆的盟国。他率部队从乌尔姆向东推进，在摩拉维亚突然袭击俄奥联军，取得了奥斯特利茨大捷。

1807年，拿破仑与俄国沙皇亚历山大一世在俄国与普鲁士边境涅曼河的一个木筏上进行私人会晤。在会谈中，拿破仑想方设法打动亚历山大，抨击英国是欧洲一切纠纷的制造者。会谈结果，双方签订《提尔西特条约》：法兰西帝国和俄罗斯帝国结成了反对英国的同盟，这一同盟在表面上维持了5年。但亚历山大很快发现，他在这个同盟中赢得的不是和平，而是时间。

惠灵顿领导英军取得了伊比利亚半岛和滑铁卢两次战役的胜利，因此赢得了极高的军事荣誉。

与拿破仑在欧洲大陆上取得的辉煌胜利相反，1805年10月，法国海军在特拉法尔加海战中再次败于英国海军名将纳尔逊。眼见从海上入侵英国已成泡影，拿破仑将对英战术转向经济战，对英国实行严格的"大陆封锁"，不准英国船驶进欧洲各港口。

由于工业革命的影响，英国积累了大量财富，其财政储备足够帮助欧洲各国政府打败拿破仑。在拿破仑统治下的欧洲各国人民也越来越不安定，越来越想获得民族独立。沙皇亚历山大一世对他的法国盟友很不满意，因为他除了于1809年吞并芬兰以外，再没有从联盟中得到什么。

与此同时，欧洲所有反拿破仑的力量又重新集合起来。俄军尾随法军挺进到中欧，普鲁士和奥地利也转而与沙俄联合作战，意大利也爆发了反法暴动。英国军队在威灵顿的率领下越过比利牛斯山，进入法国本土。1812年12月，拿破仑秘密离开在俄罗斯风雪中艰难撤退的军队，依靠雪橇和马车穿越欧洲到达了巴黎，组建了一支新军。但是新军缺乏训练，随他征战多年的许多优秀军官又在西班牙和俄罗斯的战争中大批伤亡。1813年10月，法军在莱比锡会战中被击溃。第二年4月，拿破仑宣布退位，被流放到意大利海岸附近的厄尔巴岛上，后又被流放到圣赫勒拿岛，郁郁而终。

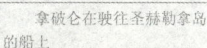

拿破仑在驶往圣赫勒拿岛的船上

影响人类进程的大事

南美洲独立

顽强的民族斗争

经过长达十几年的战斗，南美洲殖民地的人民终于彻底推翻了西班牙、葡萄牙长达3个世纪的封建殖民统治，建立了一系列新兴国家，为走上资本主义发展的道路扫清了障碍，使南美洲进入了新的历史时期。

南美洲是拉丁美洲的一部分，南美地区原为印第安人的居住地。15世纪后，印第安人在南美洲大地上建立的王国先后沦为西班牙等国的殖民地。殖民统治时期，原有的土著居民遭到侵入，人口逐渐减少，而欧洲白人移入数量又逐年增多，部分印第安人与白人混血。另外，为了适应种植业的需要，弥补印第安人劳动力的不足，殖民者从非洲贩入不少黑奴。久而久之，南美洲形成了以白人、黑人和印欧混血种人为主的大陆。殖民者残酷的殖民统治和压迫引起了殖民地社会各阶级、各种族人民的不满。

1813年11月，墨西哥起义军发表《独立宣言》，宣布脱离西班牙独立，但是不久之后便被镇压下去。1821年，充满野心的伊都维德篡夺了政权，宣布墨西哥独立，并恢复帝制自立为奥古斯丁一世。1824年，在墨西哥人民的斗争中，伊都维德政权被推翻，建立了墨西哥联邦共和国。

1810年，以墨西哥、委内瑞拉和智利为中心展开了如火如荼的独立运动，南美北部的独立运动的领导者是西蒙·玻利瓦尔。1816年3月，玻利瓦尔率领一支200多人的爱国部队，乘风破浪，来到委内瑞拉北海岸的奥里诺科省登陆。经过准备，

他们决定先袭击加拉加斯,然后占领它,再进军内地。但是,加拉加斯是军事要地,有西班牙军队重兵把守,经过激战,玻利瓦尔的部队伤亡惨重,不得不立即撤退,这次袭击失败了。

之后,玻利瓦尔认真总结经验,宣布了废除奴隶制的法令,号召全体黑人起来为争取自由而斗争。这样,就赢得了大量黑人的支持。同时,他还决定没收西班牙王宫和反动派的财产,许诺分给革命军战士土地,取消印第安人的人头税并保证分土地给他们等。这些措施获得了社会各阶层的拥护,大大加强了革命斗争的实力。

军事上,玻利瓦尔也采取了更为有效的战略战术原则,他把部队引入了奥里诺科河流域的东部地区,并扩建了自己的队伍。1819年8月初,他的军队同西班牙殖民军在波耶加展开激烈的战斗,取得了胜利,然后挥师直捣波哥大并占领该地。1819年12月,大哥伦比亚共和国宣告成立,玻利瓦尔被选为总统和最高统帅。

1821年初,玻利瓦尔利用西班牙国内发生革命的有利条件,经过充分准备,再次越过安第斯山,进兵委内瑞拉的北部。在卡拉博博平原,他以优势兵力击溃了殖民军,乘胜解放加拉加斯。随后起义军在皮钦查战役获得了辉煌的胜利,解放了厄瓜多尔全境。

就在玻利瓦尔连年征战时,圣马丁在南美南部接连获胜的捷报也频频传来。1817年初,圣马丁带着他的远征军开始了翻越安第斯山的壮举。1818年,他们在智利首都圣地亚哥大败殖民军,智利宣告独立。1823年9月,玻利瓦尔率领的委内瑞拉和哥伦比亚军6 000人进入秘鲁境内。他们同阿根廷和智利军联合起来,一举击溃敌人,1825年秘鲁获得解放。

而早在1821年,墨西哥及中美各国也宣布了独立。1823年,中美洲地区建立起中美洲联合省。1838年这个联合省又分为危地马拉、萨尔瓦多、尼加拉瓜、洪都拉斯、哥斯达黎加5个独立的国家。

智利刚获得独立,人们在酒馆外面挥舞着头巾、跳着舞庆祝。智利和许多南美洲国家一样,以前都是西班牙的殖民地。

名人名言

我们恢复了我们原有的尊严,维护了我们的权利。
——玻利瓦尔

影响人类进程的大事

维也纳会议
逆潮流时代而动

欧洲第6次反法同盟打败拿破仑后，在维也纳举行了一次国际会议。会议的目的是重新划分拿破仑战败后欧洲的政治地图，防止法国的资产阶级革命势力东山再起。

维也纳会议

为了维护维也纳会议建立起来的欧洲"正统"秩序，沙皇亚历山大一世倡议成立神圣同盟。1815年9月，俄国、奥地利、普鲁士三国君主在巴黎发表宣言，声称缔结"神圣同盟"的目的是保卫君主政体和基督教教义，各国必须彼此提供资金、援兵和其他援助。不久，除英国外，几乎所有欧洲国家的君主都参加了。

1815年11月，俄、英、普、奥在巴黎签订《四国同盟条约》，实际是神圣同盟的补充条约。规定四国以武力维护维也纳会议的各项决议，期限为20年。四国同盟的目的是保护维也纳会议确立的欧洲新秩序，镇压各地可能发生的革命运动，防止拿破仑式的法国东山再起。

会议中起主要作用的是俄、英、普、奥四同盟国。1815年6月9日，维也纳会议指导委员会8个成员国的代表签订了由121条条款和17条单独附带条款构成的《最后议定书》，此后欧洲所有其他国家尽皆加入。该议定书任意宰割和兼并小国、弱国土地，以满足强国的霸权要求。

维也纳会议各国代表在《最后议定书》上的签字，代表他们的指导思想是均势原则、正统主义和补偿原则等一些18世纪王朝外交的准则。他们无视各国人民由于法国革命所激起的民族意识和民主改革的要求，而把小国的土地和人口当作政治交易中的筹码。

会议以后30年间，欧洲君主专制国家极力维护维也纳体系，而各国革命党和自由主义者则力图推翻条约下的现状，革命和反动两股势力持续不断地搏斗，维也纳会议仅仅建立了短暂的和平。

电磁感应现象
电气时代到来

影响人类进程的大事

电磁感应定律是法拉第对物理学的一项最伟大的贡献，虽然现代发电机比法拉第发明的发电机要复杂得多，但它们都是根据法拉第的电磁感应原理制成的。电动机和发电机的问世，预示着人类电器时代的到来。

从人类茹毛饮血的祖先开始，就对天上的闪电和雷鸣感到无限恐惧。后来，有人发现了静电现象，知道电有两种：正电和负电。1793年，意大利学者伏打发明了能够产生持续电流的伏打电池。从此，电学从静电的领域进入了流电的领域，研究电流各种效应的流电学大踏步前进了。为了人类社会的文明进步，许多科学家都忘我地投入到对电的研究中，并作出了重要的贡献，近代电磁学的奠基人、电学大师法拉第就是其中一位。

1820年，丹麦科学家奥斯特发现了电源对磁针的作用，引起了科学界很大的震动。著名化学家武拉斯顿闻讯后由此推想，用磁棒移近通电导线，导线就会绕着自己的轴旋转，他就跑到戴维的实验室试验起来，结果失败，不了了之。不久，法国物理学家安培又宣布：通电导体之间存在相互的作用力，并对磁的本质提出一种假说，这简直是科学界的又一声霹雳。

而法拉第也敏锐地意识到奥斯特的发现打开了科学领域的大门，他决定转向物理学的研究，弄清楚电

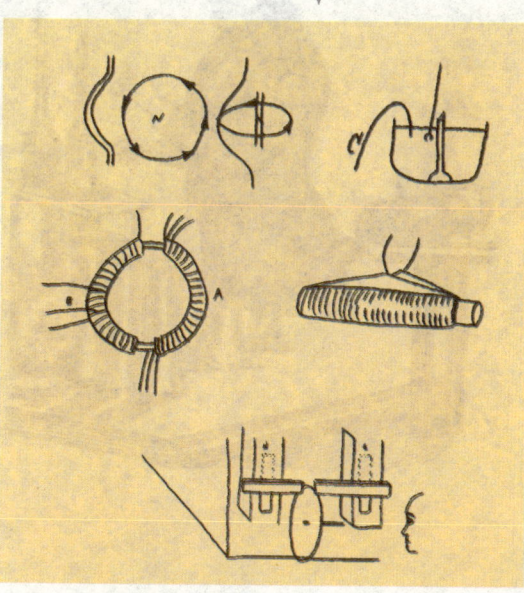

法拉第实验手稿

流与磁学的相互作用。

在法拉第的思想中,确信物理学所涉及的自然界的各种力是互相紧密地联系着的。他分析了电流的磁效应以后认为,既然电可以产生磁,反过来磁也应该能产生电。他以此为目标,坚定不移地坚持实验研究。开始,法拉第试图从静止的导线或线圈的作用中产生电流,但是做了好多实验都失败了。法拉第并没有气馁,1831年8月,法拉第做了一个新装置:他在直径15.2厘米的软铁圆环的半边,用铜丝绕成线圈,接上电流计;在铁环的另一半也绕了一组线圈,接到由100个伏打电池连成的电池组上。法拉第发现,一个通电线圈的电流刚刚接通或者中断时,另外一个线圈中的电流指针有微小的偏转。

这个小小的发现给法拉第带来了希望,但是他并不满足,立即给自己提出了两个十分深刻的问题:第一,上述实验中是否一定要用软铁磁环,没有行不行?第二,通电线圈是否可以不要,改用磁棒代替?他反反复复地就此进行了实验,结果证实了这样一个科学事实:当磁作用力发生变化的时候,另外一个线圈中就有电流产生;两个线圈发生相对运动,磁作用力的变化同样也能够产生电流。

那时的电学实验非常困难,每种仪器都得自己设计制作,他口袋里装着电磁线圈,一有空就拿出来试验、琢磨。时间慢慢地过去了,只是失败的记录。流言蜚语此起彼伏,冷嘲热讽接踵而来,但法拉第毫不动摇,因为他有唯物辩证的物理观,对实际图像的真实性深信不疑,追求真理是他的首要目标。他不断地改变方案,试验着,思考着,不达目的誓不罢休。

又经过两个月的奋战,法拉第很快总结出了它的规律,并找到了一种更为简单的磁生电的办法。他用一个接有电流计、线圈的闭合回路,把一根永久磁棒迅速插入线圈或迅速拔出,都可以使电流计指针偏转,由此可以获

实验中的法拉第

得稳定的电流。

1831年11月24日，法拉第向皇家学会报告了他的重大发现，归纳出产生感应电流的五种情况：①变化着的电流；②变化着的磁；③运动的稳恒电流；④运动的磁铁；⑤在磁场中运动的导线。法拉第在报告中，把他所观察的现象正式定名叫"电磁感应"。1851年，法拉第在《论磁力线》一书中，正式提出了电磁感应定律。这就是发电机的基本原理。电力时代的大门就这样被他打开了，人类社会开始在电力时代的列车上迅跑。一个月后，法拉第创造出人类历史上第一台发电机：他使一个铜圆盘在磁铁的两极间连续旋转，电流就连续不断地产生出来。

法拉第永不满足于已有的成功，为了人类的和平、安全和幸福，不断地向自己提出新的研究课题。为解决交流电的输送问题，他发明了变压器；为了扩大电的用途，他发现了电解定律、自感现象、磁光现象、物质的抗磁性……电学上的发明、发现和改进有158项。在理论上，法拉第发挥了非凡的想象力，敢于突破传统观念，提出了全新的"场"的概念和"力线"的图像，对物理学的发展产生了深远影响。

法拉第在皇家实验室做实验。他最初从事化学研究工作，也涉足合金钢、重玻璃的研制。在电磁学领域，倾注了大量心血，取得出色成绩。

名人名言

只有无知，没有不满。

——法拉第

摄影技术的问世
永恒的瞬间

摄影技术的问世在世界发展史上是一个重要的事件，之后的电影、电视、录像都由此发展而出。今天，摄影技术被广泛地应用在人类社会各个方面，照相机记录了自然和历史，对人类社会的文明发展起到了非常重要的作用。

达盖尔的风箱照相机

根据"小孔成像"的原理，近代的欧洲人制造出来一种针孔暗箱，用来观察和研究光线的特性。针孔暗箱是一个用木头做的箱子，在一边开一个很小的孔，当外面的光线穿过小孔时，箱子外面的景物就会投影到孔的对面。到了19世纪，有人对针孔暗箱进行了改造。他们在暗箱里装上了凸透镜，并且把凸透镜对面的箱壁改成了毛玻璃。这种凸透镜暗箱能够清楚地把景物印在毛玻璃上，这样，画家可以方便地坐在暗箱背面，面对着毛玻璃上的影像写生作画。而画家出身的路易·达盖尔就在此基础上发明了摄影术。

1838年，达盖尔在铜板上涂上碘化银，研制成功了摄影技术上最早的银板感光材料。但显影问题依然没有解决。1839年的一天，他正在用碘化银薄片在太阳底下进行感光。天空

达盖尔银版法，又称银版照相法，人们公认为它是照相的起源。原理是在研磨过的银版表面形成碘化银的感光膜，于30分钟曝光之后，靠汞升华显影而呈现图像。

突然乌云密布,太阳光被遮盖住了。达盖尔只好先把这张感光不足的薄片暂时放进一个装着各种化学药品的柜子里。谁知,3天后当他再取出这张片子时,竟然意外地发现薄片上显示出了非常清晰的图像,达盖尔欣喜异常,他耐心地寻觅着药柜里无意中起了显影作用的药品。这个过程是漫长的,达盖尔采用排除的方法,每天给药柜里放进一张需要显影的片子,然后在每一天都从药柜里取出一种药物来,令人意外的是,药物都取光了,可放进去的片子仍然可以清楚地显出影像来。经过仔细观察和分析,他终于找到了答案:原来使薄片显影的并不是药柜中的药品,而是一些散落在药柜的碎温度计里流出来的水银。反复的试验之后,达盖尔证实了自己的发现,至此,他有了一套独特而完整的摄影技术:先使用碘化银薄片短时间感光,然后利用水银蒸汽显影,再用苏打水碱溶液冲洗定影,最后就获得了清晰的照片。

早期冲印照片方法复杂,而且需要很多的工序。

1839年8月15日,达盖尔在法国科学院的大厅里向社会各界展示了他拍摄出来的世界上第一张光学照片。整个巴黎立即轰动了,许多人都被摄影术的神奇魅力给征服了,发出了由衷的感叹。

在达盖尔发明的影响下,后来人们在感光材料和摄影技术上不断取得新的成就,负片纸、玻璃湿板负片、彩色照片、干板等相继问世,这些成就固然可喜,但是很长的时间里,人们拍摄照片还是使用的是简陋的暗箱照相机,无论是拍摄还是冲洗都很费时间,摄影技术不容易推广。因此,很多人的目光开始转向简化拍摄技术、提高拍摄效率上,美国人乔治·伊士曼就是其中一位。他把发明一种简易的摄影技术当作自己的目标,经过七八年的努力,1885年,伊士曼率先发明了卷式底片,并且在美国创办了柯达公司。1888年,装着这种底片的柯达相机被大量推向市场,开拓了轻便简易的摄影之路。

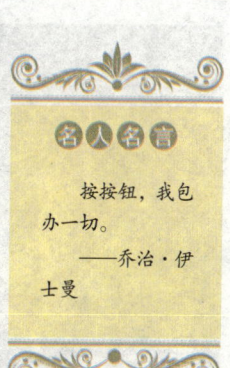

名人名言

按按钮,我包办一切。
——乔治·伊士曼

第一次鸦片战争

中国屈辱的开始

英国侵略者在其他西方资本主义列强的支持下，于19世纪中期向古老封建的中国发动了一次侵略战争。取得胜利后的英国强迫清政府签订了中国近代第一个不平等条约——《南京条约》，标志着中国近代史的开端。

正当清王朝日趋衰落的时候，英、法、美各国的资本主义却在迅速发展。18世纪60年代起英国开始了工业革命，到19世纪三四十年代，大机器工业逐渐代替了工场手工业。英国工业的发展，工业产量急剧上升，中国自然成为殖民主义者侵略扩张的新对象。

从1773年起，英国每年对华输入鸦片上千箱，鸦片的大量涌入，致使大量白银外流，社会问题也更多地显现出来，清朝官僚们更加腐败，军队丧失了战斗力，百姓的健康受到威胁，家破人亡，直接威胁到清王朝的统治。湖广总督林则徐上奏朝廷，主张实施禁烟。1838年，道光皇帝派林则徐为钦差大臣，进行禁烟。第二年，林则徐在虎门开始销烟，把收缴的鸦片统统销毁。这一事件，沉重地打击了鸦片贩子的嚣张气焰，显示了中国人民反抗外国侵略的坚强决心和坚定意志。

中国实行禁烟后，英国政府认为这是发动战争的最好借口。1840年5月29日，英国军舰封锁广州珠江口，第一次鸦片战争正式爆发。

1840年6月，英军舰队开到广东海面，封锁珠江口进行

18世纪70年代，英国资产阶级为了抵销英中贸易方面的逆差现象，大力发展毒害中国人民的鸦片贸易。图为清朝人吸食鸦片的情形。

挑衅，鸦片战争正式开始。英军见林则徐戒备严密，就沿海北上，攻陷浙江定海，再北上直逼天津。清道光皇帝惊恐万分，立即派直隶总督琦善和英军谈判。琦善向英国侵略者保证只要英军退回广东，清政府一定惩办林则徐。于是英国侵略者撤兵南下。道光皇帝把林则徐撤职查办，改派琦善为钦差大臣，到广东和英军谈判。英军以武力相威胁，在英军的枪炮下，1841年1月，英国侵略者派兵占领香港岛。1842年8月，英舰到达南京江面，中英代表在南京议和，英国侵略者强迫清政府的代表签订了中国近代第一个不平等条约——《南京条约》。

林则徐

《南京条约》的主要内容为：割香港岛给英国；赔款2 100万元（西班牙银元）；开放广州、厦门、福州、宁波、上海5处为通商口岸；英商进出口货物交纳的税款，中国须同英国商定。至此，鸦片战争宣告结束。第二年，英国又强迫清政府签订了《南京条约》的附件。英国从中取得了"领事裁判权""最惠国待遇"和在通商口岸租地建房的权利。

第一次鸦片战争反映出了中西方在科学技术上的巨大差异，但是清朝政府却并没有重视到这个不足，仍旧采取闭关自守的对外政策。一系列不平等条约的签订，使得中国的主权遭到严重的破坏，广大人民不仅要受到封建统治者残酷的剥削，还受到殖民侵略者新一重的压榨。这也导致了后来国内出现的一系列爱国自救的运动。

鸦片战争中，东印度公司所拥有的最新式的铁制蒸汽船"乃麦西斯"号攻击中国的帆船。1842年，战争以英国胜利而结束，根据《南京条约》，香港被割让给英国。

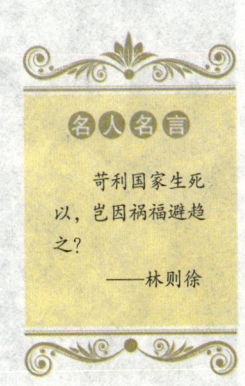

名人名言

苟利国家生死以，岂因祸福避趋之？

——林则徐

影响人类进程的大事

马克思主义诞生

社会主义奠基者

马克思主义诞生150多年来,世界局势和人类社会发生了巨大变化。在马克思主义指导下,一大批社会主义国家横空出世,打破了资本主义的一统天下,给人类社会带来一片新的曙光。马克思主义已经成为我们这一时代深厚的思想文化背景。

随着工业革命的深入,资本主义的发展,资本主义制度的弊端日益暴露。19世纪三四十年代,法国里昂工人起义、英国的宪章运动和德意志西里西亚纺织工人的起义,标志着无产阶级开始作为一支独立的政治力量登上了历史舞台,但其实践活动需要科学理论作指导,马克思和恩格斯一方面深入群众,揭露分析资本主义制度;另一方面广泛吸取人类优秀的文化成果,创造了马克思主义理论。

马克思和恩格斯是好朋友,1844年,他们在巴黎会面,从此以后两人便一起为无产阶级解放事业并肩作战。1847年,马克思和恩格斯共同为"共产主义同盟"起草了纲领,在两人的共同努力下,1848年,《共产党宣言》发表,这标志着马克思主义的诞生。

马克思与恩格斯一起起草《共产党宣言》

《共产党宣言》总结了以往无产阶级斗争的经验，论述了无产阶级革命和无产阶级专政的极其重要的思想，完整、系统而严密地阐述了他们的伟大学说，成了世界各国无产阶级运动的指南。马克思主义的诞生使无产阶级斗争有了科学理论的指导，社会主义运动蓬勃发展，对人类历史的进程产生了深远的影响。

马克思主义诞生有一定的历史条件。最主要的可能性条件是工业革命推动资本主义迅速发展，资本主义的各种弊端日益暴露，经济危机爆发，欧洲三大工人运动标志着无产阶级登上了历史舞台。

马克思主义诞生的思想来源，也就是它的理论来源于三大成果：德国的古典哲学、英国的古典政治经济学和法国的空想社会主义，这些思想的产生促进了马克思主义理论的形成。

马克思

马克思和恩格斯的长期实践活动和理论研究为马克思主义的诞生奠定了实践的基础。在革命实践中，马克思和恩格斯深入工农群众，深刻的揭露分析资本主义制度。在科学理论上汲取人类优秀文化成果，创立科学社会主义理论，除此以外，马克思和恩格斯还积极指导无产阶级政党的组建工作。

马克思主义使社会主义运动进入了一个新的阶段，有了马克思主义作为指导，使革命的斗争目标更加明确，并促使运动走向国际联合的发展趋势。

在世界性经济危机使社会矛盾激化、工人运动高涨的同时，马克思和恩格斯及时总结经验，使工人阶级的队伍壮大，并向着一个正确的方向前进。

所以恩格斯在评价马克思的伟大功绩时指出："马克思发现了人类历史的发展规律""还发现了现代资本主义生产方式和它所产生的资产阶级社会的特殊的运动规律""马克思首先是一个革命家，以某种方式参加推翻资本主义社会及其所建立的国家制度的事业，只有他才第一次意识到本身地位和要求，意识到本身解放条件的现代无产阶级的解放事业——这实际上就是他毕生的使命。"

名人名言

人改造世界，
世界也改变人。
——马克思

太平天国
伟大的农民运动

太平天国农民运动历时14年,战争的规模、激烈程度、军事筹划及指挥水平,都达到了中国旧式农民战争的巅峰。但这场由千百万群众参加的伟大战争,由于领导集团在政治和军事上种种缺乏经验的决策,最终陷于失败,其教训也是十分深刻的。

鸦片战争后,腐朽的清王朝为了支付鸦片战争的费用和战争赔款,加紧了对劳动人民的搜刮与压迫。另一方面,五口通商方便了外国资本主义向中国倾销商品,质优价廉的工业产品大量涌入中国后,排斥了中国传统的家庭副业和手工业。白银的大量外流,造成了中国金融市场的混乱局面,在外国资本主义利用强权控制中国农副产品的出口贸易的情况下,东南沿海地区的农民和手工业者纷纷破产,失去生计。同时,国内地主阶级也加紧了对农民的盘剥,土地兼并更为严重。清政府的捐税年年增加,中国的阶级矛盾和民族矛盾空前激化,农民不堪重负,纷纷走上反抗的道路。

1850年秋,洪秀全利用广西连年灾荒、饥民流离失所的机会,号召广大拜上帝会成员到广西桂平县金田村召开集会。1851年1月11日,洪秀全正式宣布起义,建号"太平天国",起义军称为"太平军"。3月,太平军转战到武宣东乡,洪秀全正式称天王。9月,太平军攻占了起义以来的第一座城市——永安。在永安,太平军对发展了的队伍进行修整、补充和制度建设,洪秀全颁布诏令,分封杨秀清等5人为东、南、西、北及翼王,并且规

洪秀全塑像

定由东王节制诸王。永安建制，标志着太平天国政治制度的初步奠定。

太平军在永安停留的时候，清军出动了3万多兵力包围永安。1852年4月，太平军突围成功，继而转战广西的桂林、全州。此后，太平军挥师北进、直取南京。1853年1月，太平军攻占了南京，并将南京改名天京，定为都城。从此，太平军结束了流动作战，形成了与清政府对峙的政权。

太平天国时天王洪秀全的宝座

定都天京后的十几天，清军随即在广西的城东建立了江南大营，另外一支清军也在扬州城外建立了江北大营。数万清军对天京形成了南北夹击之势，太平军立即定出了应对的政策：进行北伐，攻破北京，推翻清王朝；发动西征，控制长江中下游，以确保天京安全；组织东征，阻断清政府的漕粮运输，充实自己军队的经济实力。

截至1856年6月，太平军先后攻破了江南、江北两座大营，结束了清军对天京长达3年的围困。正当太平天国的军事达到全盛时，天京城内诸王为争权夺利而发生了内讧，东王杨秀清、西王韦昌辉及翼王石达开等因在争夺时自相残杀而相继毙命，至此，太平军元气大伤。清军乘机反扑，同外国侵略者相互勾结，重建了江南和江北大营，围困天京。危难关头，洪秀全大胆提拔陈玉成、李秀成两位年轻将领。两人在危难关头不负众望，再次协力捣毁了江北大营和江南大营，并开辟了苏南根据地。

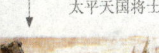

太平天国将士

1861年9月，安庆失陷，太平天国的西线陷入无法挽救的绝望境地。1864年6月，洪秀全病逝，7月，天京陷落，轰轰烈烈的太平天国运动终于在清政府和外国侵略者的共同镇压下失败了。太平天国与清王朝长达14年的斗争终于落下帷幕，太平天国运动就此结束。

克里米亚战争

第一次现代化战争

克里米亚战争是世界史中的第一次现代化战争,它从军事上和政治上改变了欧洲列强之间的地位和关系。在这场战争中,英、法联军使用了线膛枪、蒸汽船,大大提高了陆海军作战效能,铁路和电报也使军事行动的后勤指挥产生了革命性变革。

一度称霸欧洲的奥斯曼帝国,到19世纪上半叶迅速衰落,中央政权不断削弱。被奥斯曼帝国长期统治的地区处于四分五裂状态或名存实亡,欧洲列强对昔日帝国的"遗产"垂涎欲滴,尤其是首都君士坦丁堡及博斯普鲁斯、达达尼尔两个海峡,因为它们是沟通黑海与地中海的咽喉要道,是联结欧、亚、非三大洲的战略要地。沙皇政府为获取出海口,同时也为了挽救行将就木的农奴制度,扩展其在欧洲的霸权,转移人民的斗争视线,于1853年10月向奥斯曼帝国开战,克里米亚战争爆发了。英、法为保持和扩大在这一地区的势力,与奥斯曼帝国结盟,对俄作战。

沙俄一直不断对黑海地区进行扩张,企图夺取博斯普鲁斯和达达尼尔海峡,很快引起了英、法等列强的不满。1852年,奥斯曼帝国将耶路撒冷圣地的伯利恒教堂交给天主教掌管,俄国借机要求对奥斯曼帝国境内的东正教臣民(保加利亚人、塞尔维亚人、罗马尼亚人以及希腊人等)拥有特别保护权,结果被拒绝。1853年7月俄军占领奥斯曼帝国保护国摩尔多瓦和瓦拉几亚。

1854年10月25日,俄援军发动巴拉克拉瓦之役,企图解塞瓦斯托波尔港之围未果。

10月,俄奥战争爆发,英、法、撒丁尼亚先后加入奥斯曼帝国一方。

战争爆发后,英、法按兵不动,奥军单独在巴尔干、黑海、高加索与俄交战。在巴尔干,奥军凭借兵力优势击败俄军,1854年6月,俄军不得不撤出侵占的摩尔多瓦和瓦拉几亚两公国。在高加索,奥军于1853年10月27日对圣尼古拉发动进攻,11月,奥军受挫,12月,俄军击败奥军。在黑海方向,两国爆发了海战,1853年11月,俄黑海舰队在锡诺普海战中全歼奥斯曼帝国舰队,获得黑海制海权。

1854年1月,英、法舰队进入黑海,俄对英、法宣战。6月,英、法联军在克里米亚半岛的瓦尔纳登陆,海军将俄舰队封锁在塞瓦斯托波尔。7月,俄军在高加索击溃奥军主力。9月,英、法、土联军在克里木半岛登陆,20日,联军突破俄军防线,逼近塞瓦斯托波尔,俄军尽一切可能迅速加强了防线,10月17日,联军开始进攻塞瓦斯托波尔。10月25日,俄军袭击了联军后方,11月5日,俄军对联军发动反攻被击败,第二年6月18日联军强攻塞城,被击退。8月16日,俄军向黑海边的法军据点进攻,企图解除对塞瓦斯托波尔城的包围,又一次遭到惨败。9月8日,法军占领南区的制高点马拉霍夫冈,俄军退到北区,该城落入联军之手。克里米亚战争以俄国的失败而告终。

1856年3月30日,参战双方在巴黎签订和约,俄国被迫接受了苛刻的条件。和约禁止俄国在黑海拥有舰队和海军基地,不准俄国在波罗的海的阿兰群岛上设防。俄国将比萨拉比亚南部割让给奥斯曼帝国,并归还卡尔斯,承认由各强国对处在苏丹宗主权之下的摩尔达维亚、瓦拉几亚和塞尔维亚三公国实行集体保护。和约规定的黑海地区保持中立化使得俄国对黑海扩张的长期努力至此化为泡影。

名人名言

克里米亚战争显示出农奴制俄国的腐败和无能。

——列宁

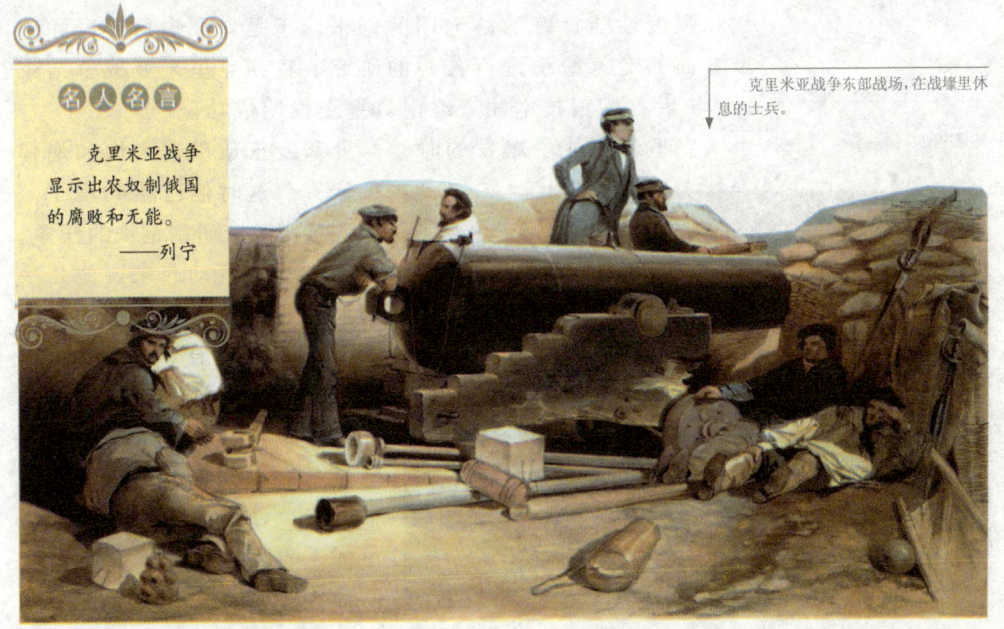

克里米亚战争东部战场,在战壕里休息的士兵。

钢铁时代的到来
快节奏生活开始

由贝塞麦最早发明的转炉炼钢技术是近代工业的一大进步，它促进了炼钢业和工业社会的极大发展。在贝塞麦的引导和其他科学家、发明家的共同努力下，人类稳步地进入了钢铁时代。钢铁时代的到来，进一步促进了交通运输业的大发展。

贝塞麦发明转炉式炼钢法的起因是由于制造兵器的缘故。1853年爆发的克里米亚战争历时3年，交战双方谁也没有占到便宜，战争一直处于一种没有进展的胶着状态，造成这种局面的一个重要原因是作为进攻型武器的大炮炮膛经常发生破裂。为了解决这个棘手的问题，英国政府向本国科学家下达了一个重要的任务：要运用一切方法，迅速生产出韧性和强度性能良好的铸炮用的钢来。于是，众多科学家和冶金方面的专家纷纷进行苦心的研究。直到克里米亚战争结束的4年后，炼钢技术才最终由贝塞麦发明成功。

克里米亚战争爆发的时候，贝塞麦正从事着大炮和炮弹的研究，这时他已经40岁了。接到英国政府研制钢铁的任务，贝塞麦立即行动起来。他几乎跑遍了当地所有的图书馆，查阅了大量有关冶金技术方面的资料。除此之外，他还多次到炼铁厂里进行实地考察，深入细致地观察炼铁的整个过程。他在自己建立的小型实验工厂里面亲自操作实验，经过一段时间的观察分析和研究，他发

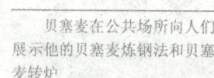

贝塞麦在公共场所向人们展示他的贝塞麦炼钢法和贝塞麦转炉

现降低铸铁的含碳量是解决钢材生产的关键。

一天，贝塞麦在实验工厂里发现了一块十分异常的铁片，仔细观察之后，他欣喜若狂地确定这正是自己想要炼成的钢。贝塞麦对这块意外发现的钢的成因进行了研究，并在此基础上设计制造出了一个从底部吹氧，而且可以回转的新式炼钢炉，贝塞麦不分昼夜地守候在这个炉子旁边，不停地做着实验。

英国谢菲尔德的贝塞麦炼钢炉。上图中，来自右边转炉中心的熔化金属被从一个长柄勺子的底部灌注到模具中。

贝塞麦的不懈努力终于换来了成果，1856年的一天，他得到了日夜期待的整炉纯钢。同年8月，贝塞麦向英国的科学家们公布了他炼铁成钢的理论，这一理论立刻引来了专家们如潮的好评，他的炼钢方法被称为是"贝塞麦炼钢法"，几家钢铁厂当即就表示愿意出高价与贝塞麦签订生产合同。

然而，在贝塞麦发明的炼钢方法投入到实际生产之时，却遇到了不小的困难：大规模生产出来的钢很脆，根本无法进行锻造加工。为了改进工艺，贝塞麦日夜坚守在转炉旁边寻找炼钢失败的原因。经过无数次的实验，贝塞麦发现炼钢失败的原因出在矿石上。1859年，他带着自己的新发现来到英国当时的钢铁工业中心——谢菲尔德市，在那里创办了自己的炼钢厂，并且生产出了深受使用者欢迎的优质钢材。第二年，贝塞麦又改进了自己发明的转炉，正式制造出了"贝塞麦转炉"，1870年，他还发明了除去铁中残留磷的新方法。

与此同时，1868年，英国发明家威廉·西门子发明出平炉炼钢法——把生铁和铁矿石一起在炉子里加热，同样可以解决含磷的问题；1875年，英国冶金学家托马斯发现只要在转炉内垫上石灰和镁，就会很容易地除去铁水里面的磷。这样，几乎任何一种铁矿石都可以用来炼钢，钢铁时代就这样到来了。

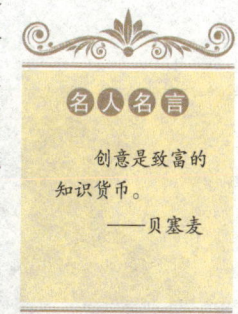

名人名言

创意是致富的知识货币。

——贝塞麦

影响人类进程的大事

意大利统一

人民革命战争

加里波第远征在意大利历史上是一次伟大的壮举，促进了意大利的统一。虽然最后被萨伏伊王朝窃取了革命果实，但是，意大利的统一毕竟为资本主义的发展扫清了道路。

加富尔

意大利在19世纪初期还是一个分裂的国家。它的北部被奥地利统治着，南部的两西西里王国控制在西班牙手里，中部则是罗马教皇的辖地。国家的分裂和外族的统治，阻碍着意大利资本主义的发展，也给人民带来深重的灾难。为了意大利的统一，一些资产阶级、知识分子中的爱国者成立了秘密组织，领导人民进行反抗外族和封建统治的斗争。

1860年4月初，西西里岛发生了农民起义，各地的贫苦农民和手工业者联合起来进行战斗，起义很快遭到统治者的镇压。在北方的加里波第听到这个消息，立刻组织起了一支由工人、手工业者、渔民、大学生、自由职业者组成的"千人远征军"，准备对这场战斗进行支援。5月5日，远征军从热那亚乘船出发，经过6天航行，在西西里岛的马尔萨拉登陆。经过交锋，王国军大败而逃，远征军取得了政权，西西里岛得到了解放。远征军再接再

朱塞佩·加里波第（1807～1882年）是意大利统一战争的领导者，他先后统一了西西里和那不勒斯。

厉，于同年9月攻占了两西西里王国的首府那不勒斯，西班牙对意大利的统治宣告结束。

两西西里王国的解放是意大利人民的胜利，但要最终实现意大利民主统一，必须通过撒丁尼亚王国这个最大的障碍。撒丁尼亚王国是意大利唯一的独立的君主立宪国家，早就有统一全意大利的野心，王国的首相加富尔表面上答应同起义军联合，

同时又采取欺骗的办法，要从人民手中夺走南意大利。加里波第轻信了撒丁尼亚王国政府，最终，两西西里国家并入撒丁尼亚王国，加里波第带领起义战士用鲜血换来的果实就这样葬送了。

意大利的统一并非一帆风顺，加里波第遇到了各种困难与失败，他的同伴在战争中一个个倒下，这些都没有阻止他前进的步伐。

1861年3月，意大利王国宣告成立，把佛罗伦萨定为首都。国王的宝座落入了撒丁尼亚萨伏伊王朝的手中。1862年，加里波第组织志愿军出征罗马，王国政府害怕得罪教皇和法国，不但不支持，还派兵阻拦。远征军和王国的军队发生了流血冲突，加里波第在战斗中负伤，这次远征失败了。

1866年6月，普奥战争爆发，意大利加入普鲁士方面作战，王国政府军和加里波第的志愿军都参加了战斗。在萨多瓦一战中，奥军主力被普鲁士军队消灭，奥地利投降。根据维也纳和约，奥地利从意大利撤军，把威尼西亚归还意大利。这时，只剩下中部的教皇辖区没有收复了，那里仍驻扎着法国军队和教皇的雇佣军。

为了统一意大利，加里波第于1867年组织了第二次远征，但这次远征受到了教皇雇佣军和法军的夹击，没能取胜，他只得退回南方，等待时机。1870年7月，普法战争爆发，法国被迫撤回驻罗马的军队，教皇辖地顿时失去了庇护。意大利王国的军队和加里波第的志愿军乘机长驱直入，9月26日占领了罗马，10月举行公民投票，罗马教皇国并入统一的意大利王国，教皇的世俗政权也被废除，这样，意大利的统一最后完成了。1871年1月，意大利王国将首都从佛罗伦萨迁到罗马。

名人名言

在我们那页灿烂的历史中，将添上更加光荣的一页，而且奴隶们最后将会用自己身上的镣铐锻冶成锋利的宝剑，把宝剑亮给他们自由的兄弟们看。

——加里波第

达尔文与《物种起源》
划时代的里程碑

达尔文的进化论是以无数的观察结果为依据提出的，并且为化石记录所支持。在《物种起源》一书中，达尔文不仅提出了生物物种随时间的推移而逐渐变化的思想，而且提出了一种解释这种转变是如何发生的机理——他称之为自然选择的过程。

自古人们就对人类的起源问题有着诸多的猜测，但在科学不发达的古代，人们不能回答这些问题。西方有上帝造人的说法，中国也有女娲用泥巴捏人的传说。19世纪的伟大博物学家达尔文以他对生物进化的伟大发现，为人类科学地揭示了自然界生物多样性的原因。

1809年，查尔斯·达尔文出生在英格兰什罗普郡的什鲁斯伯里小镇，他的祖父是18世纪一位思想敏锐的哲学家、博物学家、诗人和医生，曾写过一些以进化为主题的诗作。达尔文后来之所以成为博物学家，这与他家庭环境的熏陶，受祖父进化思想的影响是分不开的。

1828年，达尔文到剑桥大学学习。在此期间，达尔文与植物学教授亨斯罗关系亲密，这对他一生有很大的影响。亨斯罗教授经常带达尔文去野外考察，培养了达尔文的观察和研究能力。更为重要的是，经过亨斯罗教授的推荐，达尔文做了一名自费的博物学家，参加了"贝格尔"号军舰的环球航行，这是他一生中

达尔文

最重要的一段经历。

达尔文之所以会产生生物进化思想，是由于环球旅行中发现的一些事情深深打动了他。达尔文在环球考察中，经历了种种考验和苦难，忍受了晕船和心悸痛的折磨，以顽强的毅力坚持工作。每到一处他都认真细致地考察研究，采集各种生物标本，并加以描绘或进行解剖；挖掘出生物化石，记录地层11级岩石和化石性质。这次考察，使达尔文获得极为丰富的生物学方面的第一手资料；同时，他那敏锐的观察力和怀疑精神也由此养成。通过对家鸽与野生岩鸽在外部形状和骨骼构造等方面的比较，形成了人工选择理论。这一理论启发了达尔文，经过深入分析研究，他终于提出了"自然选择"学说，这个学说是达尔文生物进化理论的核心部分。

当时的人们无法接受人类是从低等动物进化而来的事实，达尔文和他的理论受到了嘲笑，他也成了众多漫画讽刺的对象。

1859年11月24日，科学史上划时代巨著《物种起源》终于出版了，达尔文为之花费了20年的心血。这本书给他带来了崇高的荣誉，它像一把利箭刺向神学阵地的心脏，因此遭到教会势力的攻击。这本鸿篇巨著包含了14章的内容，援引了大量证据证明在自然选择作用下的物种进化规律。

《物种起源》中，达尔文用大量的事实说明生存斗争和自然选择的理论，并从地质学的角度讲述了化石和物种的地理分布，为自己的理论提供了有力的证据。虽然达尔文还没有讨论人类进化的问题，但是他的选择过程"随意发生"的理论暗含的意义，使得当时许多著名的神学家感到不安。达尔文最后在《人类的起源》中解释了人类进化的问题，这部著作引起了科学界进一步的争论。

尽管《物种起源》问世后，遭到了许多人的激烈反对甚至污蔑，但是在科学事实面前，真理终究会战胜谬误，达尔文的进化论很快就传播到全世界。恩格斯认为达尔文的进化理论与能量守恒和转化定律、细胞学说是19世纪自然科学的三大发现。

美国南北战争

迈向强国之路

美国南北战争，又称美国内战，它是在美国本土进行的制止南方分裂、维护联邦统一的国内战争。经过这场战争，美国废除了奴隶制度，不仅为资本主义的发展清除了一大障碍，为以后经济的迅速发展创造了条件，而且为美国成为20世纪的世界强国奠定了基础。

林肯

美国独立战争以后，建立了联邦制，由资产阶级和种植园奴隶主联合执政。不过南北两地的资本家都各行其道，南方的农业资本家发展奴隶制，北方工业资本家则发展自由雇佣制。

美国南北矛盾的根源在于南方千方百计庇护奴隶制，这种矛盾早在殖民地时期就已存在。美国独立后，北、南双方分别走上资本主义雇佣劳动制和奴隶制种植园经济两种不同的发展道路。这两种不同体制在一个国度里共存和发展，产生了很多矛盾和冲突，在奴隶、关税、西部土地和国会代表比例等方面都有突出反映。在这种形势下，奴隶制问题已紧紧地与联邦制的政治前途连在一起。当南北双方发生争执时，南方屡屡以退出联邦相威胁；而北部一再退让，力图保全联邦的做法并不能从根本上解决矛盾。因此，一场解决联邦分裂的内部战争势在必行。

1860年，林肯当选为美国总统，他是一个

1865年4月2日，弗吉尼亚州的里士满陷落。南方同盟放弃这座城市，并点火焚毁了它。

废奴主义者，这成为南方奴隶主发动叛乱的借口。南方的一些州在林肯就任时联合起来，宣布成立一个独立的国家，号称"南方联盟"。1861年4月，南方军队挑起内战，美国南北战争正式爆发。

战争爆发后，林肯立即宣布南方各州为叛乱州，他号召人民联合起来对抗叛乱势力。报名参军的人相当踊跃，原计划只招募几万人，报名的却达到了十万多人，尽管北方军队士气高昂，作战勇敢，但由于缺乏优秀将领，在内战初期屡屡失利，连首都华盛顿专区也受到威胁，险些被攻破。人民群众对此强烈不满，纷纷要求政府采取更为有效的措施。北方的自由黑人成立了"解放联盟"，呼吁废除奴隶制；南方的黑奴纷纷逃离了种植园，展开了反对奴隶主的游击战。

1863年7月1日至7月3日，宾夕法尼亚盖茨堡及其附近地区进行了一场关键的战斗，这是美国内战中最血腥的一场战斗，为美国内战的转折点。联邦军的乔治·米德少将率领波多马克军团抵挡由联盟军的罗伯特·李将军率领的北弗吉尼亚军团的进攻，获得决定性胜利，终结了李将军第二次，也是最后一次入侵美国北方各州的计划。

人民的行动震醒了林肯，他深刻地认识到南方的叛乱是为了维护奴隶制，废除奴隶制度、解放黑奴是赢得这场战争的关键。1862年9月，林肯总统颁布了《解放黑人奴隶宣言》，称从1863年1月1日起，所有参加叛乱的各州种植园的奴隶，都被认为是自由人，他们有在陆军和舰队里服兵役的权利。宣言的发表在全国引起了巨大的反响，广大黑人奴隶欢庆解放，并且踊跃报名参军。人民的支持很快转变成为坚不可摧的力量，战局的有利形式很快朝着北方发展，1865年4月，北军著名将领格兰特和谢尔曼率领军队攻占了南军的"首都"里士满，南军宣布投降，持续了4年的南北战争结束了，美国的统一最终得到了维护。

我相信这个政府不能永远维持半奴隶半自由的状态。
——林肯

影响人类进程的大事

俄国农奴制的废除
一场根本的革命

沙皇俄国进行的自上而下废除农奴制度的改革，使两千多万农奴获得了人身自由，为资本主义工厂提供了自由劳动力。改革以后的俄国进入了资本主义阶段，社会经济得到了比较迅速的发展。

沙皇俄国在19世纪中叶仍然是一个以农奴制为基础的封建君主专制的国家。但是，从19世纪中叶起，资本主义生产关系已经在封建社会内部缓慢地发展，并且逐步破坏着封建农奴制基础，日益衰落的农奴制度使整个俄国社会陷入了严重的危机，农业生产停滞，工厂开工不足，生产水平极端落后。随着生产力和生产关系矛盾的激化，阶级斗争日益尖锐。为了挽救农奴制，并扩展在欧洲的霸权，沙俄政府于1853年10月向奥斯曼帝国开战，发动了克里米亚战争。结果反被英法联军打得大败。战争不仅没能挽救农奴制的危机，反倒给农民们带来了更多的灾难，农民的反抗行动显得更为频繁。

克里米亚战争惨败后，沙皇尼古拉一世服毒自杀，新上台的亚历山大二世迫于内外交困的形势，决定实行自上而下的改革。他相继设立了中央和欧洲部分各州的特别委员会，起草农奴制改革的草案。1861年3月3日，沙皇正式批准了废除农奴制的法令，并签署了关于《废除农奴制的特别宣

俄国沙皇亚历山大二世统治时期，于1861年解放了广大的农奴。

言》。接着，他又批准了一系列法令，包括《关于农民脱离农奴依附关系的一般法令》《赎地法令》以及《地方法令》等17个文件。

其主要内容有三：首先，法令规定农奴在法律上成为"自由人"，享有各项权利，地主不得任意买卖、交换、抵押或赠送农奴，也无权干涉他们的家庭生活；其次，农民在获得人身自由的同时，还可以通过赎买得到宅旁园地和份地。宅旁园地依法缴纳60卢布的赎金，6个月后农民即可以取得土地的所有权，份地在法律上仍属地主，农民有永久使用权。在此之前，农民仍然要对地主尽一定的义务。这样一来，农民对地主的依附关系就依然存在，而且从本质上并没有发生什么改变，依然会受到剥削、压榨或者不公平的待遇，也就依然会存在着土地分工不合理的现象。此外，为了管理好解放后的农民，沙皇政府规定设立村社组织，在村社上面组织乡，村社和乡隶属地方政府，执行政府的一切法令，地主贵族在"调停者"的名义下对地方政府拥有监督权。

尽管这次改革进行得并不是很彻底，改革后的俄国仍然保持了大量封建残余，但农奴制的废除，毕竟使俄国资本主义的发展获得必要的劳动力、资金和市场，使俄国由封建君主制向资产阶级君主制转变过程中向前迈进的一大步。

俄国农奴制的废除，削弱了封建君主专制的势力，弱化了农奴与奴隶主之间的矛盾关系，在一定的层次上推动了社会的进步和资产阶级君主专制的实现，是俄国历史上的一次转折性的变革。

> **名人名言**
>
> 农奴制的俄国暗无天日，就像一个监狱、一口棺材，散布着腐朽的臭气。
>
> ——列宁

列宾的《伏尔加河上的纤夫》表现了沙皇统治下的劳动人民的沉重生活

明治维新
——一场制度上的革命

明治维新是日本历史上的一次政治革命,那些有利于发展资本主义的改革措施,使日本走上了资本主义道路,摆脱了沦为殖民地的危机,由一个落后的封建社会,逐步转变为独立的资本主义强国。

日本天皇到了19世纪后半期,只是名义上的最高统治者,在政治上和经济上都要受幕府将军的支配。这一时期,日本的资本主义手工工场和商业有很大发展,在一些地方,资产阶级改革运动日益兴起,在统治阶级内部,出现了两个对立的集团。以幕府将军为首的一方主张守旧,反对改革;以长州、萨摩两藩的大名为首的另一方主张改革,反对幕府的封建统治。幕府将军德川家茂就借口长州藩有罪,两次派兵征讨,结果都失败了。改革派趁此机会,一方面扩充兵力,另一方面秘密同天皇联系,准备发动宫廷政变,把德川将军赶下台,双方的矛盾越来越尖锐。

1865年12月,长州藩讨幕派高杉晋作率领以农民为主体的"奇兵队"击败保守派,夺取了藩政权。随后,萨摩藩讨幕派西乡隆盛、大久保利通等人也

明治维新以前,已经有许多外国人在日本进行贸易。

控制了藩权。不久，这两股力量结成讨幕联盟，成为全国讨幕运动的核心，他们一方面实行政治、经济改革，以调动农民、商人和中下级武士的积极性；另一方面，在军事上武装自己，购置大量的西方先进武器，与幕府军队抗衡。

明治天皇是倒幕运动的象征力量，是维新运动的总后台，全国精神力量的源泉，而他本人也很出色的扮演了这一角色，使维新运动少了许多波折和不确定因素。

1866年12月，压制讨幕派的孝明天皇去世，不满15岁的明治天皇即位。这时，宫廷形势开始向有利于讨幕派方面发展。1867年10月，萨摩、长州、安艺三藩讨幕派在京都召开秘密会议，决定利用年幼的明治天皇的名义武装倒幕。1868年1月3日，西南各诸侯率兵包围皇宫，解除德川幕府驻后宫警卫队的武装。他们簇拥着年少的明治天皇，召开御前会议，宣布"王政复古"，大权全归天皇掌握。明治天皇随即颁布诏书，决定建立由他领导的新的中央政府，并委派西乡隆盛和大久保利通这些改革派主管政事。

推翻德川幕府后，日本建立了天皇制政权，年号为明治，故这一时期的改革称为明治维新。明治政府颁布了一系列具有资产阶级性质的改革措施：第一，在1869年6月，明治政府强制实行"奉还版籍"政策，将日本划为3府72县，建立中央集权式的政治体制；第二，改革身份制度，废除传统时代的"士、农、工、商"身份制度，将过去的公卿诸侯等贵族改称为"华族"，大名以下的武士改为"士族"，为减轻因"奉还版籍"而连带的财政负担，废除了封建俸禄；第三，提倡学习西方社会文化及习惯，发展近代教育；第四，引进西方近代工业；改革土地制度，废除原有土地政策，许可土地买卖，实施新的地税政策；废除各藩设立的关卡，撤消工商业界的行会制度和垄断组织，推动资本主义工商业的发展。

明治维新是个文化革命，而其成功的要因在于民众高度的读写能力。
——日本学者桑原武夫

经过明治维新，日本成为称雄一时的亚洲强国。但其改革遗留了许多问题，如天皇权力过大、土地兼并依然严重等封建残余现象，与日后发生的一系列日本难以解决的社会问题相互影响，使得日本走上了侵略扩张的道路。

普法战争
欧洲军事格局的改变

普法战争是普鲁士和法国为争夺欧洲霸权所进行的一场规模巨大、影响深远的战争。这场战争直接导致法兰西第二帝国的垮台和巴黎公社无产阶级革命的爆发，促使普鲁士完成了德意志统一。

威廉一世

普法战争是普鲁士与法国之间为争夺欧洲霸权而进行的一场战争，也是19世纪中叶继丹麦战争、普奥战争之后完成德国统一的第三次王朝战争。

普奥战争之后，普法矛盾因德意志统一及争夺欧陆霸权问题日趋尖锐。1867年以普鲁士为首的北德意志联邦建立后，巴伐利亚、巴登、符腾堡、黑森一达姆施塔特等南德四邦因法国阻挠，尚留在联邦之外。

普鲁士王国为实现德意志统一，积极推行俾斯麦的"铁血政策"，并成立以其为首的北德意志联邦，随后便把矛头转向宿敌法国。而法国拿破仑三世为称霸欧洲，竭力避免法国东部出现一个强大的邻邦，因而力图控制南德四邦，阻挠德国统一大业的最终完成；拿破仑三世还企图夺占莱茵河左岸的德意志土地。同时，拿破仑三世为摆脱国内的政治、经济危机，挽救处于风雨飘摇之中的法兰西第二帝国的统治，也决意对普鲁士作战。

1870年7月初，普王的亲属霍亨索伦家族的利奥波德亲王，应西班牙政府之邀同意继承西王位。法国因担心普西联合反

1871年1月，在贝尔福特附近的科瑞考特战场上，由查理斯·丹尼斯·柏巴克将军率领的法军被普鲁士军队击败。

法而极力反对。俾斯麦为挑起战争，巧妙地制造有辱于法国的"埃姆斯电报"事件，诱使法国于7月19日首先向普鲁士宣战。

1870年8月2日，法国洛林军团一部率先越境向萨尔布吕肯发起进攻，但遭普军有力抗击。12日，拿破仑三世撤换总参谋长并将洛林军团改编为莱茵军团，授权巴赞全权指挥，他本人则随麦克马洪退至沙隆。普军总参谋长毛奇命令普军迅速追击，以便各个击破。他在大体查明法军的部署后，即对法军阵地中央实施主要突击。普第9、8、7军都先后向正面发起冲击，企图突破法军防御并占领其阵地。但法军装备先进且火力猛烈，使普军密集的连纵队遭到重大损失。直到黄昏前，普近卫军和第9、10军各族分布成散兵线，凭借炮兵的绝对优势，才迫使法军后退，占领了圣普里瓦和格腊韦洛特。普军第12军对龙库尔的进攻构成了对法军阵地翼侧实施纵深包围的威胁，从而决定了战役的结局。巴赞担心与梅斯城失掉联系，遂命令莱茵集团军撤回梅斯。该集团军在梅斯被普军包围72天后，缴械投降。战役中，普军损失2万多人，法军损失1.3万人。

14日，巴赞率莱茵军团经马斯拉图尔之战和格拉沃洛特—圣普里瓦之战后，莱茵军团西撤的道路被切断，被迫退回梅斯，从而陷入普军的包围。31日，法国沙隆军团被普军围困在色当。在9月1日的色当之战中，法军几次突围，均被击退。次日，拿破仑三世率军8.3万余人向普王威廉一世投降。

9月4日，巴黎爆发革命，推翻了法兰西第二帝国，成立了第三共和国，普鲁士实现德意志统一的主要障碍已经消除。9月19日，普军包围巴黎，法国人民奋起抗敌。而法国政府一面策划投降谈判，一面被迫成立国民自卫军，意大利将军加里波第率志愿部队支援法国抗战。正当普军主力被牵制在各要塞之际，斯特拉斯堡法国守军投降，随后，巴赞率法军主力也在梅斯投降，法国处境更加危急。12月5日，奥尔良陷落。1871年1月5日，普军开始对巴黎连续炮击，驻守巴黎的法军数次突围均未奏效。

1871年1月18日，普王威廉一世在凡尔赛宫加冕为皇帝，德意志帝国宣告成立。

统一的德意志帝国的形成，改变了欧洲列强之间的力量对比，德国从此成为欧陆强国之一。普法战争给法国带来灾难性后果。法国丧失了阿尔萨斯和洛林及其重要的工业和矿产资源，国力受到严重削弱，国际地位迅速下降，完全失去了其在欧洲大陆的优势。

普法战场上，普鲁士炮兵在熟练地装填弹药。

巴黎公社起义

无产阶级专政

巴黎公社起义是巴黎无产阶级在广大人民群众的支持下，为推翻地主资产阶级的反动统治，建立无产阶级国家政权而进行的一次武装斗争。武装起义虽然仅进行了72天，但它却是无产阶级推翻资本主义制度具有世界意义的第一次演习。

普法战争爆发后，色当一战，法军惨败，消息传到巴黎，人民愤怒至极，发动起义，推翻了法兰西第二帝国，成立了以特罗胥将军为首的"国防政府"。但"国防政府"不顾国家民族利益，与敌屈辱求和，妄图把巴黎交给敌人，利用敌人之手镇压人民革命，使普军得以长驱直入，包围巴黎。巴黎人民包括工人、学生和市民纷纷武装起来，决心誓死保卫自己的首都。但作为法兰西第三共和国的当权者，资产阶级为扼杀革命却在普军大军压境的情况下，不惜任何代价同德国缔结了卖国和约，割让阿尔萨斯和洛林，并赔款50亿法郎，接着就全力向巴黎无产阶级进攻，从而导致了巴黎人民再次起义。

1871年3月18日凌晨，政府军一个团占领了蒙马特尔停炮场，枪声惊醒了附近居民，大炮被抢的消息传开。偷袭棱蒙高地的政府军未能迅速

巴黎公社的儿女们用生命和鲜血捍卫新生政权的大无畏革命精神，将永远激励人民为争取自由解放而斗争。

把大炮拖走，很快就被赶到的国民自卫军击溃。

政府军的偷袭失败了，这时，已在巴黎各地特别是工人区爆发的武装起义迅速展开，国民自卫军和人民群众自动拿起武器，建筑街垒，布置岗哨，派出巡逻队，集中分散的大炮。

巴黎公社虽然只存在了72天，但它为无产阶级革命运动提供了极其宝贵的经验和教训。这是无产阶级为推翻资产阶级统治、建立无产阶级专政的第一次伟大尝试。图为巴黎公社成员展开的街道巷战役，最终，凡尔赛军以强大的优势血腥地镇压了巴黎公社成员。

至此，中央委员会掌握了巴黎全城，武装起义推翻了梯也尔政权，取得了伟大成功，一个崭新的无产阶级国家政权诞生了。

4月2日清晨，凡尔赛军炮轰巴黎，向巴黎城西的讷伊桥发起进攻。公社2 000名战士与1万多名敌军激战数小时后，放弃了讷伊桥等阵地。4月3日晨，公社匆忙调集4万人，分3路向凡尔赛进军。中路1万余人从东面进攻，击退敌宪兵队后遭强大敌军阻击后撤；左翼6000多人从东南方向进军，初战获胜，进抵距凡尔赛5千米处因弹药和援兵不济而被迫后撤，不幸陷入敌重兵包围，指挥员杜瓦尔被俘就义；右翼1万余人经讷伊桥沿大道出击，占领吕埃伊后与北部部队会合，因故大量增兵后被迫后撤。这次出击，由于公社领导对军事形势盲目乐观，对大规模军事行动缺乏准备，致使出击部队没有统一领导、各行其事，导致了失败。凡尔赛遭公社沉重打击，被迫改变了速战速决的战略战术。

为了保卫革命成果，公社战士在忠诚坚定、智勇兼备的军事将领指挥下，与敌浴血奋战。4月7日，凡尔赛军队依仗优势炮火攻占了讷伊桥和附近据点。巴黎城防司令东布罗夫斯基率领西线5 000名装备很差的部队，同9倍于己的敌人激战。到4月底，公社守住了巴黎西线和南线，给凡尔赛军以大量消耗。5月3日夜，防守木兰—萨克多面堡的第五十五营军官叛变，敌人突然占领了南线这个主要据点，数百名公社战士阵亡或被俘。接着凡尔赛军发起全线总攻，8日伊西炮台失守。公社虽在此时加强了军事指挥，但大局已难挽回。

5月21日下午，凡尔赛军从对克卢门进入巴黎，一场震撼世界的流血大巷战开始了。为保卫公社政权，巴黎无产阶级和广大人民群众奋起抗敌。28日16时，公社战士坚守的最后一个街垒被攻克。英雄的巴黎人民的武装起义在经过不屈不挠的斗争后，被凡尔赛军血腥镇压下去了。

俾斯麦统一德意志
德国走向强大

德意志统一是德国历史上影响深远的一件大事，它结束了德国政治上长期四分五裂的局面，为德国的向外侵略扩张铺平了道路。此后不久，德国一跃成为欧洲强国，改变了欧洲的政治格局。

资本主义在德意志于19世纪中期普遍发展起来，资本主义经济越发达，国家统一的要求就越迫切。在当时的德国，有两条不同的统一道路，一条是通过革命，即由无产阶级来领导并建立全德共和国；另外一条就是通过普鲁士的王朝战争来巩固普鲁士地主在统一的德国中的领导权。由于无产阶级的软弱，德意志诸帮中实力最为雄厚的普鲁士最终完成了德意志自上而下的统一。

容克地主阶级牢固地掌握着普鲁士政权，并通过三次王朝战争把德意志统一起来。第一次是对丹麦战争。德丹战争是德意志实现自上而下统一的第一个重要步骤。1863年末，丹麦吞并了霍尔施坦和施勒斯维希两个公国。普奥两国以此为借口于1864年2月对丹麦宣战。战争以丹麦的失败而告终，10月签订和约，

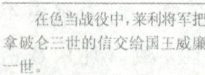

在色当战役中，莱利将军把拿破仑三世的信交给国王威廉一世。

普鲁士吞并施勒斯维希，奥地利获得霍尔施坦。

奥地利是普鲁士统一德意志的最大阻力，所以对奥战争是不可避免的。1866 年 6 月，普鲁士出兵将奥地利势力逐出霍尔施坦，挑起了普奥战争。意大利为了收复威尼斯也对奥作战。战争开始以后，普鲁士军队很快占领德意志北部和中部各邦。7 月 3 日，普军在捷克的萨多瓦村附近重创奥军以后，奥地利军队节节败退。经过拿破仑三世的调停，8 月 23 日，普、奥签订了《布拉格和约》，和约规定：旧德意志联邦解散；奥国承认普鲁士成立北德意志联邦；把施勒斯维希、霍尔施坦、汉诺威和法兰克福等地划归普鲁士，威尼斯归还意大利。

色当战役中，普鲁士大臣俾斯麦和战败的拿破仑三世。

1862 年，俾斯麦任普鲁士的首相和外交大臣，他坚持用武力镇压革命，认为德意志的统一只能采用"铁血政策"才能完成。

1867 年，俾斯麦组成了以普鲁士为首的北德意志同盟，其中包括 18 个邦和 3 个自由市，初步实现了德意志各邦的统一。南部的巴伐利亚等四邦，由于法国的阻挠，仍然处于同盟之外。为了德意志的统一，俾斯麦便把战争的苗头对准了法国。1870 年 7 月，普法战争爆发。9 月 2 日，普军在色当一战中大败法军，俘虏了法国皇帝拿破仑三世以及元帅、将军、官兵共计 10.4 万人。法国最终因为这场战争而导致巴黎无产阶级革命的爆发。更重要的是，这次战争改变了欧洲列强的力量对比，为第一次世界大战埋下了祸根。

普法战争使普鲁士最终排除法国的干扰，完成了德意志的统一。1871 年，德意志帝国成立，普鲁士国王威廉一世即位，俾斯麦任首相。德意志帝国的成立，标志着德意志完成统一。

当代的重大政治问题必须用铁和血来解决。

——俾斯麦

影响人类进程的大事

芝加哥工人大罢工
"五一"节的由来

美国芝加哥市的工人由于不堪长期受到的剥削和压迫,为了争取改善劳动和生活条件并实行8小时工作制,于1886年5月1日爆发了大规模的罢工和示威活动。这场斗争虽然被镇压了,但其意义却十分深远,此后由于各国工人阶级的团结和不断斗争,终于得偿所愿。

美国的工业革命大致起始于1815年,历经数十年之后,工业化既带来了自由的贸易、投资、言论、迁徙、结社,但也衍生了大规模、长时间、大范围的社会动荡,严重威胁着自由经济的长治久安。自1865年美国内战以后,美国社会中出现了持续不断的全国性社会动荡,其根本原因是分配不均、法律不公、富人不法。

19世纪之前的美国工人,每天要工作10~14小时,生活非常艰辛。1881年成立的最大的工人组织,美加产业和劳动工会联合会把争取8小时工作制作为首要的目标。他们在1885年宣布,8小时工作制将在1886年的5月1日开始实行,这一号召得到了工人们的广泛响应和支持。

5月1日这一天,仅芝加哥一城就有4万多名工人走上了街头,

> 1886年,在美国芝加哥的秣市广场举办的工人集会无故被警察中止了,工人和警察发生了激烈的冲突,由此引发了秣市广场暴动。秣市广场暴动具有深刻的象征意义,它象征着资本主义制度下工人利益和企业主利益的不可调和,象征着工人阶级除了针锋相对的斗争别无出路,只有这样工人阶级才能争取自身的解放,摆脱被奴役被剥削的命运。

参加罢工和示威活动，使全城陷入瘫痪。罢工很快就席卷到其他城市。这场声势浩大的工潮使政府当局十分恐慌，他们动用了大批军警进行镇压，并扬言要拿工人领袖开刀，企图

芝加哥工人大罢工虽然被镇压了，但其意义却十分深远。图为罢工时工人遭到镇压的场面。

"惩一儆百"。5月3日，当局派出500多名警察包围了罢工比较活跃的芝加哥麦考米克收割机厂，无理对工人施压。

这一事件激起了各地工人和社会各界的强烈愤慨。芝加哥工人决定在5月4日举行抗议集会。5月4日傍晚，3 000多名工人聚集在芝加哥秣市广场。罢工领导人斯庇斯等人慷慨陈词，发表了抗议当局镇压工人的演讲，号召工人们团结起来，继续进行罢工斗争。当集会快要结束时，180多名全副武装的警察开进了会场，企图驱散集会群众。混乱中有人引爆炸弹，导致多名工人和警察伤亡。警方毫无根据地将爆炸事件的责任强加在工人身上，并以此为借口疯狂地向集会工人开枪扫射，造成多名工人被打死和200多人受伤，并有数百工人被捕。被捕的8名工人骨干受到了非法审讯，但是他们威武不屈，把法庭当成了揭露反动当局的战场。芝加哥工人可歌可泣的英勇斗争精神极大地鼓舞了美国各地工人起来开展更大规模的斗争，并赢得了世界各国工人的同情和支持。这场工人大罢工，终于迫使当局和资本家们接受了工人的正当要求，罢工斗争取得了最终胜利。

1889年7月14日至22日，国际社会主义工人代表大会在法国巴黎举行，大会根据法国马克思主义者拉法格的建议，起草并通过了"关于庆祝五一的决议"，宣布将每年的5月1日定为国际劳动节，这一决定立即得到世界各国工人的积极响应，1890年5月1日，欧美各国的工人阶级率先走向街头，举行盛大的示威游行与集会，争取合法权益，从此以后，每年的5月1日就成了全世界劳动人民显示团结和力量的共同节日。

我们相信：上帝只允许8小时工作日。
——罢工工人《8小时之歌》

福特汽车的产生
汽车时代的到来

福特于 1893 年研制成功了第一辆小汽车,命名为"福特"一号。此后,他不断研制,又发明了"福特"二号和"福特"三号,福特汽车实业公司已成为美国产业经济的支柱。

"汽车大王"亨利·福特

在全世界,享有"汽车之父"的只有卡尔·本茨,而享有"汽车大王"美誉的也只能是亨利·福特一人。他将人类带入了汽车时代,开启了一种全新的生活方式。

1893 年,美国人查尔斯和福兰克·德怡在马萨诸塞州的斯普林费尔德制造并驾驶了美国第一辆由汽油驱动的车辆。福特不甘落后,他在一张五线谱上画出了世界上最早的福特汽车设计图——"福特"一号。根据这个设计,他开始了汽车的研制工作。

1893 年,"福特"一号终于试制成功了。这辆车有 2 个汽缸,2.94 千瓦,时速 40~48 千米,车轮与自行车车轮相同,共有 4 个,装在车子两边,中央有 4 个座位。将座位前方的一根棒子向前推,车子便前进,摆正的时候车便停下来。因"福特"一号造价昂贵,行动又不方便,福特又开始研制新的小汽车。

1901 年,福特的第一辆赛车问世了,他本人驾驶着这辆赛车在比赛中夺得了冠军。这之后,福特又夜以继日地造出了两部

福特驾驶"福特"一号

赛车，均为4个汽缸，功率为58.84千瓦。这两部车一部被命名为"999"号，另一部为"飞箭"号，福特用"999"号参加了1903年的赛车比赛。比赛不仅带来了预期的胜利，创下了全美最高纪录，也为福特赢得了名誉和商机。没过多久，福特公司组建成功，福特担任公司的常务董事和技术主任。

1907年，福特和助手一起完成了N型车的改进型R型和S型。第二年，他又推出了T型车。对福特而言，T型车不仅是一辆汽车，更是一种召唤，一种福特确信将把汽车工业带入效率和实用之中的车型。T型车是第一部轰动全国的汽车，它曾经被选作美国的吉祥物，并得到了"轻便小汽车"和"廉价小汽车"的绰号。在1912年南加州威尔逊山地争夺赛中，T型车力克群雄，一举夺冠。一位推销商甚至将T型车放在一块离地面1.5米高的大跷跷板上前后开了几个小时，以显示T型车的灵敏度。

福特"T型"车一面世，就受到大众的欢迎，甚至成为当时社会的一种时尚。

1914年，第一次世界大战爆发了，整个欧洲笼罩在一片战火之中，在这特殊时期里，福特公司坚持汽车生产的任务。在战争期间，福特公司营业额达到2.04亿美元，利润实现了6 000万美元。1919年，福特用妻子克蕾拉和儿子艾德塞的名义，以1.25亿美元的高价收购了全部股份。此时，以福特为中心的福特王国正式成立了。现在，它已成为了工业中的首强，成为美国的支柱产业。

↓ 福特汽车公司厂房

影响人类进程的大事

奥林匹克运动会

全人类的盛会

第一届奥运会于 1896 年在古代奥林匹克运动会的发源地——雅典举行，开创了奥林匹克运动会的先河。奥林匹克之父顾拜旦提出这样的口号"奥林匹克运动最重要的是参与而不是夺冠"，至今这也是现代奥林匹克运动的精髓。

在古希腊时期，希腊就曾是欧洲文明的摇篮，雅典则是这个摇篮的中心，也是重要的竞技场所之一。在距雅典西南约 300 千米的地方，有一块丘陵地带，这就是驰名世界的古代奥运会的发源地——奥林匹亚。在古代奥运会沉寂了 1 000 多年以后，第一届现代奥运会于 1896 年 4 月 6 日至 15 日在希腊首都雅典隆重举行。

奥林匹克委员会原拟第一届奥运会于 1900 年在巴黎举行，后来考虑到希腊为古代奥运会发源地，在希腊举行比在巴黎意义更为重大。大会最后决定把会期改在 1896 年，鉴于古代奥运会会址奥林匹亚已成了一片废墟，会址改在希腊首都雅典。

1896 年 4 月 6 日下午 3 点，希腊国王乔治一世庄严宣布：第一届现代奥林匹克运动会开幕。这是历届奥运会举行月份最早的一次，东道主之所以将开幕式选在这一天，是为了纪念希腊反抗土耳其统治起义 75 周年。乔治一世国王致辞后，伴随着优美庄严的古典管弦乐曲，全场唱起了《撒马拉斯颂歌》，这首如宗教赞美诗般的管弦乐曲，热情讴歌了奥林匹克运动，并在后来被选定为奥运会会歌。

首届奥运会比赛项目有田径、游泳、举重、射击、自行车、古典式摔跤（当时称希腊—罗马式）、体操、击

掷铁饼者是古代奥运的竞技项目。

剑和网球9个大项,原计划中有赛艇项目,后未举行。东道主没有设200米跑项目,这在奥运会史上是仅有的一次。

4月6日,比赛拉开了序幕。美国选手詹姆斯·康诺利在三级跳远赛中旗开得胜,以13.71米夺得现代奥运会的第一个冠军。在男子100米决赛中,美国的托玛斯·伯克采用了近似"蹲踞式"的起跑法,最终以12秒整的成绩夺得了冠军。本届110米跨栏,实际比赛距离是100米,栏也只有8个。比赛时,运动员的过栏姿势也是五花八门,有的甚至是双腿蹦过栏后再跑。预赛时有7人,决赛仅剩下2人,结果美国跨栏冠军托玛斯·柯蒂斯摘下了这顶桂冠。

铅球运动员在掷铅球。

雅典奥运会最热烈、最轰动的比赛场面是马拉松比赛。雅典马拉松赛采用的是昔日马拉松战役的英雄斐里庇得斯所跑过的路线,从马拉松至雅典,全程40千米。当时雅典只有13.5万人,而观看马拉松比赛的竟达10万人之多。当身着浅蓝色背心的希腊选手斯皮里东·鲁易斯第一个冲进运动场时,全场雀跃,欢声雷动。国王乔治一世步下观礼台,亲自迎接这位凯旋的英雄。从此,这项运动在世界各国推广开来,鲁易斯被称为"奥林匹克之魂"。

4月15日,历时10天的首届奥运会结束了,闭幕式上,希腊国王乔治一世向获奖运动员颁发奖牌。国际奥委会当时对奖牌的设计未能拿出固定的方案,东道主认为金子太俗气,只铸造了银质和铜质两种奖牌。冠军被授予银牌和橄榄枝花环,亚军被授予铜牌和月桂花冠,第三名只有铜牌,参赛的每位选手都得到一张纪念证书。

古代奥运会会场

戊戌变法
一次爱国救亡运动

戊戌变法又名百日维新,是中国清朝光绪年间一项政治改革运动。这次变法主张由皇室领导,进行政治体制的变改,无奈变法受到满清朝廷保守势力反对,最终虽然失败,却将中国推上了革命的道路。

康有为

鸦片战争以后,中国沦为半殖民地半封建化的社会,广大百姓遭受着双重压迫。1897年末,山东发生曹州教案,两名德国传教士被杀。德国乘机侵占胶州湾(今青岛),俄国同时进占旅顺、大连,法国进占广州湾(今广东湛江),英国进占山东威海,并要求拓展九龙新界。列强意图瓜分刚败于日本的中国,为清政府再次敲响了警钟。

1888年,康有为利用上北京参加科试的机会,给光绪写了一封长达5 000多字的上皇帝书(第一书),提出了"变成法,通下情,慎左右"三项建议,要求学习西方,变法维新。但他的这封信光绪皇帝并未看到。本来在这次科试中,康有为已被内定考中第三名,由于上书惹怒了主考官顽固派徐桐,因而不予录取。康有为考试虽然失败了,却意外地得到政治活动的声名,为他后来的变法活动积聚了初步的资本。

梁启超

1895年3月康有为和梁启超又到北京参加进士科试。这时,《马关条约》签订的消息传到北京,立即引起全国人民的愤怒和反对。康有为看到人们爱国的激情,大可为变法活动造成声势,决定联合在京的所有举人,来一次更大的上书请愿。他约集18省1 000多举人,商议上书皇帝,请求拒绝议和签约,并公推康有为起草奏稿。康有为热血沸腾,操笔挥洒,一天一夜,写出了一篇14 000多字的《上皇帝书》(第二书),签名的举人有1 300多人。这就是著名的"公车上书"。

光绪皇帝虽然在1887年17岁时已在名义上亲政，但实权仍然掌握在慈禧太后的手里。面对列强瓜分的危险，光绪于1898年（戊戌年）向慈禧要求实权，让他进行朝政的改革。6月11日，光绪颁布《定国是诏》，表明变更体制的决心，这也是百日维新的开始。之后光绪召见康有为，调任他为京章行走，其后又用谭嗣同、杨锐、林旭、刘光第等人协助维新。

在此期间，光绪皇帝根据康有为等人的建议，颁布了一系列变法诏书和谕令。主要内容有：经济上，设立农工商局、路矿总局，提倡开办实业、修筑铁路、开采矿藏、组织商会、改革财政；政治上，广开言路，允许士民上书言事，裁汰绿营，编练新军；文化上，废八股，兴西学，创办京师大学堂，设译书局，派留学生，奖励科学著作和发明。这些革新政令，目的在于学习西方文化、科学技术和经营管理制度，发展资本主义，建立君主立宪政体，使国家富强。

慈禧

新政措施虽未触及封建统治的基础，但是，这些措施代表了新兴资产阶级的利益，为封建顽固势力所不容。清政府中的一些官员对新政措施阳奉阴违，托词抗命。慈禧太后在光绪皇帝宣布变法的第五天，就迫使光绪连下三谕，控制了人事任免和京津地区的军政大权，准备发动政变。

戊戌政变后，慈禧太后下令逮捕谭嗣同、杨深秀、林旭、杨锐、刘光第、康广仁等人，并于1898年9月28日在北京菜市口将谭嗣同等六人杀害，史称"戊戌六君子"，同时下令捕杀在逃的康有为和梁启超等人。所有新政措施，除7月开办的京师大学堂外，全部都被废止。至此，戊戌变法宣告失败。

戊戌变法作为近代中国一次比较完全意义上的改革运动，虽然被慈禧扼杀了，但也为13年之后爆发的辛亥革命打下了思想基础。

光绪皇帝 1875年继承帝位，年号光绪，1887年亲政。他和帝党官员希望摆脱慈禧太后控制，受康有为变法主张影响，光绪于1898年6月颁布《定国是诏》，宣布变法，慈禧太后和官员发起反攻，变法失败。光绪的皇位实际被罢黜。变法失败后，谭嗣同等六人被杀，下图为当时报纸对这一事件的新闻报道。

第一架飞机
人类的飞天之梦

有一个日子被人们永远地铭记：1903年12月17日。在这一天，美国莱特兄弟驾驶着他们自己设计制造的飞机"飞行者"1号，成功地实现了人类飞行的梦想。他们以自己创造的伟大发明震惊了全世界，获得了世人的尊仰。

自古以来，人类就幻想着能够像鸟儿那样在天空自由飞翔。为了实现这个梦想，许多人付出了多少坚持不懈的努力，有的甚至付出了自己的生命。

1896年，一个名叫奥托·李林塔尔的德国青年在一次滑翔飞行试验中失事丧生，这一悲惨的事件深深地触动了远在美国的莱特兄弟，兄弟俩决定投入到航空事业中去。

在研制飞机的过程中，莱特兄弟吸取了前人的经验，特别关注的问题是飞行的平衡问题，他们不仅研究了鸟的飞行，而且深入钻研了当时几乎所有关于航空理论方面的书。

1899年，莱特兄弟向成功迈出了第一步，他们制造了一只"双层"大风筝。兄弟俩把这只奇特的大风筝拖到了代顿市郊外的一块空地试飞，结果令人非常满意，兄弟俩成功地解决了飞行的平衡问题。1900~1902年，兄弟俩开始用风筝做空气动力学实验，接着驾驶着用木头和布做成的滑翔机，在1902年一年里，他们就进行了1000多次滑翔飞行，还自制了200多个不同的机翼进行了上千次风洞实验，积累了大量空气动力学方面的知识和数据。

莱特兄弟是美国的飞机发明家，航空事业的先驱者。

1902年秋天，兄弟俩开始着手研制有动力的飞机了，这时离莱特兄弟的理想只差一步之遥；他们开始为新的滑翔机装上一个动力装置以维持它向前飞行。6个星期后，他们就制成了发动机并准备试飞。除了发动机，他们还利用了他们的发明天才制造出风速表、螺旋桨的转数计数器、速度计以及计时表。兄弟俩经过反复的摸索，终于造出了第一架飞机"飞行者"1号。

1903年12月14日，一个风和日丽的冬日，莱特兄弟驾驶着真正意义上的飞机经历了第一次飞行试验。然而这一天的结果并不十分理想。兄弟俩立即投入到了对飞机的修复工作中去。真正的奇迹诞生在3天以后。

早在莱特兄弟发明飞机之前，已经有许多人为了飞天想尽了各种方法，但都没能成功。

1903年12月17日上午10时30分，奥维尔驾驶着"飞行者"1号在北卡罗莱纳州的基蒂霍克海滩成功地进行了一次动力飞行，飞行距离为36米，在空中逗留了12秒，随后，又由威尔伯做了一次飞行，结果在59秒内飞行了200多米。在这个后来被载入史册的日子里，一共有5名目击者在现场目睹了这一历史性的时刻。莱特兄弟终于把飞行幻想变成了事实，实现了人们飞上天空的美好愿望。

稍事整顿之后，莱特兄弟又于1904年和1905年分别造出了"飞行者"2号和"飞行者"3号，这两架飞机的技艺提高到了令人惊讶的专业水平。1905年10月5日，威尔伯驾驶着"飞行者"3号持续飞行了38分钟，航程达39千米，试验证明，"飞行者"3号实际上已经具有了实用效能，莱特兄弟确信飞行器的时代已经来临。

世界上第一架载人动力飞机在美国北卡罗来纳州的基蒂霍克飞上了蓝天。这架飞机被叫做"飞行者"1号，它的发明者就是美国的威尔伯·莱特和奥维尔·莱特兄弟。

1909年11月22日，美国的莱特飞机制造公司成立了。如今，柯蒂斯－莱特公司是世界著名的动力制造企业。莱特兄弟开辟了航空事业的时代，为人类的文明和发展作出了卓越贡献，历史将永远记住他们。

影响人类进程的大事

1904年日俄战争
帝国主义掠夺性战争

作为20世纪第一场大规模战争，1904年日俄战争所产生的新式装备、诞生的新式战略思想都在此后相当长的一段时期内有很重大的影响。但由于其战场主要是在中国领土上，所以给中国人民造成了深重的灾难和巨大的损失。

日本和俄国在19世纪末至20世纪初先后进入了帝国主义时期。为争夺殖民地和势力范围，日俄两国大力扩军备战，积极推行向外扩张的政策。当时，中国正值腐败无能的清政府统治时期，地大物博的中国成了各帝国主义列强掠夺瓜分的主要对象之一。在瓜分过程中，日本定下了吞并朝鲜、侵略中国的"大陆政策"，但这同沙皇俄国推行的侵略中国、吞并远东、独占亚洲、称霸太平洋的"远东政策"存在着尖锐的矛盾。为闯进中国东北和亚洲大陆，日本认为，必须排挤沙俄在中国和朝鲜的势力，因此，在英、美等国支持下，日本下定了对俄作战的决心。

为了打败俄国，日本从1896年开始了10年的扩军计划。1903年，日、俄瓜分中国东北和朝鲜的谈判破裂，已经作好战争准备的日本于1904年2月6日向俄国发出最后通牒，并宣布断绝日俄外交关系。

2月8日午夜，日本联合舰队在司令官东乡平八郎海军中将的指挥

1904年4月13日，俄国战舰"彼特罗帕夫洛斯科"号被日本鱼雷击沉，600多人死亡，其中包括马卡诺夫元帅。

下，偷袭驻扎在旅顺的俄国太平洋分舰队主力，俄军三艘战舰受到重创，俄军太平洋第一分舰队司令斯塔尔克海军中将迅速组织还击；次日，日本巡洋舰队袭击朝鲜仁川，迫使停泊于此处的两艘俄舰自沉。接连遭受重创的俄国于2月10日正式向日本宣战，日俄战争爆发。

1905年3月，日俄交战双方军队在中国奉天（今沈阳）附近进行的大规模决战。俄国将军库罗帕特金正下令撤退。

日俄战争分海战和陆战两个战场。海战主要集中在旅顺口及其附近的海面上；陆战主要集中在旅顺、辽阳、奉天进行。海战战场，日本联合舰队对旅顺的偷袭虽然在战术上取得了成功，但是远没有达到重创俄太平洋舰队的目的。5月，日军改变作战计划，从辽东半岛登陆。

1905年1月，日本海军攻占了战略要地旅顺口，进一步控制了整个辽东半岛。3月，日本的另外一个陆战战场也取得了胜利。在奉天战役中，日俄双方总共投入了60多万兵力，结果沙俄陆军被日本击败。沙俄从欧洲调来波罗的海舰队，企图挽回败局，救援旅顺口，结果于5月底又在对马海峡遭到日本的袭击，几乎全军覆没。日本虽然重创了俄国，取得了战争的胜利，但同样也付出了巨大的代价。

恰巧此时俄国国内爆发了革命，致使俄国无心再战，而日本由于战争消耗，也急欲结束这场战争。同时，战争的旁观者美国也因担心日本过分强大而出面调停。

9月5日，日俄两国在美国的朴茨茅斯签订了和约。根据条约规定，沙俄承认朝鲜为日本的"保护国"，把旅顺、大连的租借权和从长春到旅顺间的铁路让给日本，并将库页岛南部割让给日本。此外，日俄两国还以"保护满洲铁路"为名，在附约中规定，在他们各自霸占的铁路沿线有驻军的权利。俄国虽是战败国，但除了库页岛南部以外，没有割地、赔款，日俄战争的真正受害者是中国和朝鲜。从此，沙俄继续霸占中国东北北部，南部则沦为日本的势力范围，这场帝国主义战争终于宣告结束。

名人名言

日俄战争是一场使用新式武器和进攻防御战术的残酷试验，也是即将到来的更具有毁灭性战争的前奏。

——意大利著名作家加里巴尔迪

辛亥革命
封建制度的末日

辛亥革命在一定程度上推动了中国民族资本主义的发展,使人民获得了一些民主和自由的权利,它使民主共和的观念深入人心。后来无论是袁世凯复辟帝制,还是张勋复辟,都遭到全国人民的唾弃,没有逃出失败的下场。

鸦片战争后,洋枪火炮轰开了满清政府的大门。但腐败无能的清政府却仍然闭关锁国,完全没有改革的意识与决心。在西方列强军事威胁之下,国家积弱日久,一步步走向水深火热。20世纪初,资产阶级民主革命思潮迅猛传播,震撼着中国思想界,并推动民主革命运动的到来。在民主思潮广泛传播的同时,国内外出现了诸如兴中会、华兴会等一大批革命团体。1905年8月20日,中国同盟会成立,孙中山提出"驱除鞑虏,恢复中华,创立民国,平均地权"作为政治纲领。中国同盟会的成立,标志着中国资产阶级民主革命进入一个新阶段。

1911年5月,清政府将修筑川汉、粤汉铁路的权利出卖给帝国主义,引起全国人民的愤怒,湖北、湖南、广东、四川等省人民掀起了轰轰烈烈的保路运动,四川保路运动尤为波澜壮阔。当四川的保路运动日益扩大的时候,湖北新军中文学社、共进会等革命团体乘机发动武昌起义,揭开了辛亥革命轰轰烈烈的一幕。

孙中山是我国伟大的民主革命先行者,幼名帝象,学名文,字德明,号日新,后改号逸仙。旅居日本时曾化名中山樵,因而得名。

1911年10月初，由于革命党人不慎，起义计划泄露，清政府下令四处搜索革命党人，形势十分危急。10日晚7时，武昌城内的新军工程营提前发动起义，城外的新军闻风起义，经过一夜苦战，革命军占领总督署，湖广总督仓皇逃跑。第二天，起义军占领武昌，接着汉阳、汉口的新军也先后为革命军占领，至此革命在武汉三镇取得胜利。由于这一年是旧历辛亥年，所以历史上又称这场革命为辛亥革命。

同盟会成立后，孙中山在南方策划和组织了多次武装起义。黄兴任前敌总指挥，直接指挥了钦廉、镇南关和黄花岗等多次起义。

10月11日，起义士兵宣布成立中华民国湖北军政府，推选湖北新军协统黎元洪任政府都督。军政府发布文电，号召各省为推翻清朝、建立民国而奋斗。各省革命党人纷纷行动起来。至11月底，全国宣告独立、脱离清政府的有14省。

革命形势的发展需要有一个统一的机关来领导。1911年12月，各省代表齐集南京，共同推举从海外归来的同盟会首领孙中山为中华民国临时大总统，黎元洪任副总统，确定了临时政府组成人员，中华民国临时政府成立。

清政府在轰轰烈烈的革命打击中，面临土崩瓦解的困难局面，帝国主义看到清政府难以维持，就从封建统治阶级集团中选中袁世凯作为他们的工具。迫于帝国主义的压力，清政府只好解散皇族内阁，交出全部军政大权，任命袁世凯为内阁总理大臣，让他镇压革命军。

名人名言

革命尚未成功，同志仍须努力。
——孙中山

袁世凯上台后，一方面利用革命党人的软弱，采用欺骗手段，派人南下谈判，争取当中华民国大总统；另一方面，用武力威逼清朝皇帝退位。身为临时大总统的孙中山表示只要清帝退位，袁世凯宣布赞成共和，就向临时参议院推荐袁世凯为临时大总统。袁世凯得到孙中山的保证后，加紧逼迫清帝退位。1912年2月12日，清朝皇帝终于正式退位，统治中国260多年的清朝终于垮台了。

萨拉热窝事件
——战导火索

1914年6月28日，当奥匈帝国皇储斐迪南夫妇参加完在萨拉热窝举行的市政府欢迎仪式驱车返回时，被塞尔维亚爱国青年暗杀。这一事件给蓄谋已久的帝国主义国家找到了借口，一场人类历史上前所未有的血腥战争就以"萨拉热窝事件"为导火索拉开了序幕。

1914年6月28日，斐迪南和妻子在参观完塞尔维亚检阅军事演习以后的回程途中，被埋伏的塞尔维亚族青年普林齐普刺杀。

欧洲列强于20世纪初开始对巴尔干的扩张，激起塞尔维亚族的极力反抗，塞尔维亚民族解放运动日益高涨。被奥匈占领的波斯尼亚和黑塞哥维那，企图摆脱奥匈控制，同塞尔维亚合并，组成南斯拉夫，建立大塞尔维亚国。奥匈帝国竭力反对塞尔维亚扩大，并在德国的支持下图谋吞并塞尔维亚。塞尔维亚得到俄国的支持，因此，奥塞冲突成为两大军事集团斗争的焦点，巴尔干成为欧洲火药库。

萨拉热窝事件成了第一次世界大战的导火索，德国皇帝威廉二世见发动世界大战的时机已到，竭力唆使奥国向塞尔维亚全面开战。1914年7月28日，奥国对塞尔维亚宣战；8月1日、3日，德国分别向俄、法宣战；8月4日，英国向德宣战；8月6日，奥国向俄宣战；8月23日，日本向德宣战，第一次世界大战全面爆发了。

第一次世界大战
一场空前浩劫

> 影响人类进程的大事

20世纪初，资本主义国家的两大军事集团——以德国和奥匈帝国为主的同盟国和以英、法、俄国为核心的协约国，为争夺世界霸权、重新瓜分殖民地和划分势力范围，在全球范围进行了一场帝国主义战争，史称第一次世界大战。

资本主义由自由竞争阶段发展到以垄断为特征的帝国主义阶段，各国政府代表本国垄断资本集团，为获取最大限度的垄断利益，积极推行对外扩张和侵略政策，在世界各地以武力争夺殖民地。老牌殖民帝国英、俄、法占据了世界绝大部分殖民地，而经济发展迅速、国家实力急剧膨胀的德、日、美等新兴的帝国主义国家所拥有的殖民地却相对很少，这种经济发展和殖民地分配的不均衡导致帝国主义国家之间的矛盾相当尖锐。随着资本主义经济危机和政治危机的加深，各帝国主义集团迫切希望从战争中寻求出路。

贝当在第一次世界大战期间成为法国英雄，被称为"凡尔登的救星"。

1914年6月28日，奥匈帝国皇储斐迪南大公夫妇在萨拉热窝遇刺，德、奥匈以此事件为借口挑起战争，7月28日，奥国对塞尔维亚宣战，俄、法、英等国很快卷入战争。交战一方是同盟国的德国和奥匈帝国，另一方是协约国的俄、法、英，意大利为自身利益，后来也加入到协约国一方。大战全面展开后，在欧洲形成了东、南、西三条战线。

1914年8月，德军攻入法国，直逼巴黎。9月，法军组织了反击德军的"马恩河战役"，迫使贸然南进的德军撤退，瓦解了德军的速决战略。德军对法军突然出现在侧后方始料未及，在法军强大的炮火打击下，不得不仓促地由进攻转入阵地防御。由于根本没准备防御，土木作业工具都没带齐，德国士兵只好把刺刀、杯子、饭盒、鞋后跟、铅笔刀都派上了

1916年的凡尔登战役,德法双方共投入近100万人,损失70多万人。由于伤亡惨重,凡尔登战场被称为"绞肉机""屠场"和"地狱"。

用场。自9月5日到12日,双方共投入兵力150多万人,火炮6600多门。战斗残酷异常,许多地区发生过两军士兵的白刃格斗。这场战役,法军阵亡2万多人,受伤12万多人;德军阵亡4万多人,受伤17万多人。

至此,西线开始形成相持。在东线,俄军于1914年8月攻入东普鲁士,德军只得从西线抽调兵力到东线,一时间陷入了两线同时作战的不利境地。日本在远东地区趁火打劫,于1914年8月宣布对德宣战,乘机夺取德国在华利益,出现了远东战场。奥斯曼帝国于1914年11月宣布加入同盟国作战,开辟了新战场,战局更趋复杂。

1916年,德国改变战略方针,决定在稳定西线战局的情况下,集中兵力进攻俄国,企图一举击垮俄国,尔后打败英、法。而俄国也想给德军致命一击,赢得战争的胜利。双方在东线进行了数次大规模的战役,双方都投入了大量的兵力,虽然俄国损失更加惨重,但双方却都没能致对方于死地。

战争期间,俄国的腐朽与落后充分暴露出来。由于弹药不足,武器不能充分发挥作用,最少的时候,俄军的每门大炮只允许一天发射3发炮弹。同时,兵员损失过多,许多新兵训练不足4周就被送上前线,好多人步枪都没摸过一下,射击的要领更无从谈起。士兵手里的枪支型号混杂,有俄造的,有日俄战争时从日本兵手里缴获的,还有从奥匈士兵手里夺来的,补给的弹药往往不适用。就是这堆杂牌枪,也不是每个士兵都能用上,相当一部分人要等拿枪士兵死后才能轮上使用。而德国在战场上尽显先进武器之风流,首次把飞机用于大规模攻击地面目标(以前各国只用于侦察),俄军被空中掉下来的炸弹炸得晕头转向,不知所措。德国的毒气也首先使用在俄国人身上,只是由于当时气温太低,影响了毒气的发挥,效果不是很理想。德国人并不灰心,对之进行改造后,又用在了西线战场上。

1915年4月，德军在伊普雷施放了大量氯气。第一次遭遇毒气的法国士兵连死带吓加逃，坚守了数月的防线被打开一个6千米的缺口。然而毒气的巨大威力既让协约国气恼，也远远超出德国指挥官的想像，竟没有准备预备队扩大战果，无法将战术胜利发展到战役胜利。后来德国多次企图故技重演，但英法联军已有所准备，德国再也没能取得第一次那样的战果。

到了1916年冬，战争已经进行了两年多，仍然不见分晓，巨大的战争消耗让双方都难以承受，俄国的国民经济甚至处于崩溃的边缘，1917年2月，俄国国内爆发了二月革命，推翻了沙皇政府，之后又爆发了十月革命，新生的苏维埃政权毅然退出了帝国主义战争。而德国因人力物力消耗巨大，战场形势也逐渐恶化，1917年4月，本来是中立国的美国转而对德宣战，这样一来使得协约国在财政和军需方面的实力大大增强，中国北洋军阀政府也在这一年对同盟国宣战。

1918年，协约国发动总攻，同盟国土崩瓦解。9月29日，保加利亚投降；10月30日，奥斯曼帝国投降；11月30日，奥匈投降。11月初，德国十一月革命爆发，成立共和国，11月11日，德国投降。历时4年零3个月的第一次世界大战以协约国的胜利告终。

关于战争，很难说到什么。没有人知道，以后会发生什么、会导致什么以及会延续到多久。
——弗洛伊德

影响人类进程的大事

1918年德国发动第一次世界大战中最后一次大规模进攻。它影响了马恩河区通向巴黎的大陆，河下游也由美军第三区第30和38步兵团控制，这是他们的第一次战斗。

爱因斯坦创立相对论
人类思想中最伟大的成就

阿尔伯特·爱因斯坦，20世纪最伟大的自然科学家，被公认为人类历史长河中最具创造性才智的人物、最伟大的科学家之一。他被人们当作科学、智慧、公正、真理的化身。

阿尔伯特·爱因斯坦于1879年3月14日在德国小城乌尔姆出生，他的父母都是犹太人。爱因斯坦有一个幸福的童年，他的父亲是位平静、温顺的好心人，爱好文学和数学，他的母亲个性较强，喜爱音乐，并影响了爱因斯坦。爱因斯坦的父母对他有着良好的影响和家庭教育，家中弥漫着自由和祥和的气氛。

少年时代的爱因斯坦就立志从事科学研究事业，他希望掌握这个自然世界的奥秘。事实上，他也做到了这一点——自从他选择这一道路，他就坚持不懈地走了下去并且从来没有后悔过。

1895年，爱因斯坦来到瑞士苏黎世，准备投考苏黎世的联邦工业大学，虽然他的数学和物理考得很不错，但其他科目没有考好，学校校长推荐他去瑞士的阿劳州立中学学习一年，以补齐功课。在阿劳州立中学的这段时光，使爱因斯坦感到快乐，他尝到了瑞士自由的空气和阳光，并决心放弃德国国籍。1896年，爱因斯坦正式成为一个无国籍的人，并考进了联邦工业大学。1901年，他获得了瑞士国籍，后在瑞士联邦专利局找到了一份稳定的工作——技术员，工作之余他

少年时代的阿尔伯特·爱因斯坦

独自进行着科学研究。

1905年是爱因斯坦在科学生涯中取得辉煌成就的一年。他完成了多篇科学论文,其中有4篇成为物理学不同分支发展道路上的重要标志。一篇《分子大小的新测定法》使爱因斯坦获得了博士学位。另一篇《论运动物体的电动力学》,爱因斯坦在这篇论文中提出了他举世闻名的狭义相对论,这一划时代的成就,是他10年心血的结晶。1912年,爱因斯坦受德国著名物理学家普朗克之邀,先后担任威廉皇帝物理研究所所长和柏林大学教授。这时期,爱因斯坦考虑将已经建立起来的相对论推广。1916年,爱因斯坦在老同学格罗斯曼的帮助下,发表了《广义相对论的基础》,广义相对论的创立,推动了宇宙学的蓬勃发展。

爱因斯坦

1921年,由于在理论物理,特别是在阐明光电效应定律方面的贡献,爱因斯坦获得了诺贝尔物理学奖。其实对于爱因斯坦一生来说,他最大的贡献就是创立了相对论。

狭义相对论和广义相对论建立以来,已经过去了很长时间,它经受住了实践和历史的考验,是人们普遍承认的真理。相对论对于现代物理学的发展和现代人类思想的发展都有巨大的影响。相对论严格地考察了时间、空间、物质和运动这些物理学的基本概念,给出了科学而系统的时空观和物质观,从而使物理学在逻辑上成为完美的科学体系。

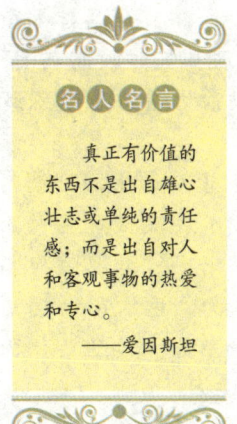

名人名言

真正有价值的东西不是出自雄心壮志或单纯的责任感;而是出自对人和客观事物的热爱和专心。

——爱因斯坦

远处天体发出的光在经过太阳时,被太阳重力场弯曲,因此被地球上的观察者看到。

影响人类进程的大事

十月革命

第一次胜利的社会主义革命

列宁领导的俄国十月革命是一个功勋卓著的大事件，它的胜利不仅激励着各国无产阶级的斗争，而且鼓舞着被压迫人民、被压迫民族的民族解放斗争。更为重要的是，这场革命的胜利推动了马克思列宁主义在世界的传播，并向人们展示了一条崭新的寻求解放的道路。

名人名言

十月革命帮助了全世界，也帮助了中国的先进分子。

——毛泽东

俄国同世界各主要资本主义国家一样，在20世纪初已进入帝国主义阶段，但经济发展仍较落后，存在着浓厚的农奴制残余，社会各种矛盾错综复杂，成为帝国主义各种矛盾的焦点和国际资本主义体系的薄弱环节。第一次世界大战中，俄国损失惨重，国民经济衰退，各种矛盾激化，推翻沙皇统治的革命形势趋于成熟。

1917年3月12日，被第一次世界大战拖得精疲力竭的沙皇俄国终于爆发了革命。革命期间，首都彼得格勒的工人和士兵的代表成立了统一的组织——苏维埃；资产阶级代表们组成了不包括社会主义者的临时政府。这样，俄国首都就存在着两个政权——苏维埃和临时政府。在后来的几个月里，这两种政治力量进行了殊死的较量。

1917年4月16日，列宁从瑞士回到彼得格勒。第二天，他就发表了后来被称为《四月提纲》的著名讲话，提出了"全部政权归苏维埃"的口号。列宁认为，这次革命的最终目标应将是"资产阶级革命"转变为"无产阶级革命"，在俄国实现无产阶级专政。7月16日，第一机枪团士兵会合波罗的海舰队的

列宁创造性地发展了马克思主义,给无产者一个祖国。

水兵和工人，自发号召示威，有50万群众走上街头。第二天，政府从前线调回军队对示威群众实行血腥镇压。"七月事件"后，临时政府改组，克伦斯基成了政府首脑，孟什维克和社会革命党控制了首都，苏维埃宣布支持政府，彼得格勒也就结束了两个政权并存的局面，全部政权落到资产阶级手中。七月事件后，布尔什维克的领袖又一次因政府通缉而被迫转入地下，列宁再度流亡国外。

这年9月3日，里加被德军占领，反动将领科尔尼洛夫利用里加失陷的机会来实现他反对临时政府的计划。9月7日，他借口镇压布尔什维克，发动了反政府叛乱。克伦斯基政府被迫与布尔什维克联合，并武装首都工人平息叛乱。在布尔什维克和武装工人的支持下，叛乱被平息。这以后，首都的布尔什维克的力量又占了优势，首都再次形成两个政权并存的局面，而且力量对比明显地不利于临时政府。克伦斯基试图用部队调防方法来改变力量对比，把具有革命情绪的军队调往前线，从前线调回支持政府的军队。但这一命令被由苏维埃成员所组成的革命军事委员会否决。11月5日，克伦斯基再次下令逮捕布尔什维克的领袖，并查封布尔什维克党的报纸，列宁当即决定起义。11月6日，起义开始，第二天，起义士兵就攻克了临时政府驻地——冬宫。

胜利了的布尔什维克党建立了世界上第一个社会主义国家，由于革命胜利的这一天——11月7日是俄历十月二十五日，所以史称十月革命。

1917年11月7日，在列宁和托洛茨基等人的领导下，俄国共产党（布尔什维克）领导工人士兵发动武装起义，推翻了俄国资产阶级临时政府，建立了苏维埃政权，这是无产阶级政党领导的第一次成功的社会主义革命。

《凡尔赛和约》
帝国主义重新瓜分世界

巴黎和会是一次地地道道的分赃会议,充满了尔虞我诈和幕后交易。它所签订的《凡尔赛和约》不仅没有消除引发第一次世界大战的根本原因,反而加深了帝国主义之间,特别是战胜国与战败国之间的矛盾,不可避免地要出现重新瓜分世界、重新划分势力范围的斗争。

第一次世界大战刚结束,各个战胜国就忙着重新瓜分世界。1919年1月,巴黎和会召开。参加会议的有27个国家,整个会议由美、英、法三国首脑操纵。1919年6月,在和会上签订了处置德国的《凡尔赛和约》。1919~1920年,协约国列强还分别同德国的盟国签订了一系列和约。

1919年1月18日,举世瞩目的巴黎和会在法国的凡尔赛宫召开。然而,和会一开始就暴露出帝国主义国家企图争霸的野心,对怎样处理战后问题,协约国列强各有各的打算。由于分赃不均,他们之间矛盾重重。帝国主义列强为了操纵和会,把出席会议的国家按贡献大小分成4类,享有不同的权利和代表名额,全体会议只不过是个形式,根本不起决定作用,后来他们干脆成立了由威尔逊、克列孟梭、劳合·乔治和意大利首相奥兰多组成的"四人会议"处理和会的一切事务,这种安排决定了和会的分赃性质。

巴黎和会的关键问题是对德国和约问题,也是

巴黎和会会场

列强争斗的焦点。美国企图利用战争中增长的实力，削弱竞争对手；法国的目标是确立自己在欧洲大陆的霸主地位，要求尽可能地肢解德国，防止它东山再起；而英国的传统策略则是让欧洲强国相互牵制，所以，反对过分削弱德国。

前排左起：意大利首相奥兰多、英国首相乔治、法国总理克列孟梭及美国总统威尔逊。这4个人组成了控制利益瓜分的"四人会议"。

和会经过几个月的激烈争吵之后，列强在一些主要问题上达成了协议，拟定了对德和约草案。和约对德国进行了严厉的制裁，规定德国所有殖民地统一由主要帝国主义国家以"委任统治"的形式加以瓜分。《凡尔赛和约》是帝国主义分赃的条约，它没有解决帝国主义之间的矛盾，相反，却种下了新的仇恨和战争的种子。成千上万的德国群众集会，愤怒谴责协约国对德国的掠夺。

在巴黎和会上，作为战胜国之一的中国，提出了取消帝国主义国家在中国的一切特权，归还在大战时被日本夺去的德国在山东占有的一切权利等合理要求，但被操纵会议的英、法、美等国所拒绝。消息传来，激起了中国人民的极大愤慨，巴黎和会上中国外交的失败，成了"五·四运动"的导火线，中国代表最终没有在和约上签字。

战胜国在处理完德国之后，立即开始与德国的战时盟国包括奥地利、保加利亚、匈牙利、土耳其等国签订了一系列条约。这些带有明显侵略扩张性质的条约同《凡尔赛和约》《国际联盟盟约》一起构成了一个互为联系的条约体系，通过这一条约体系，建立了帝国主义在欧洲、西亚和非洲的国际新秩序，使这些地区的政治、经济、军事活动，又重新纳入它所控制的轨道。这一体系被称为"凡尔赛体系"，凡尔赛体系是人类历史上第一个世界性的帝国主义"国际和平体系"，但只维持了短暂的欧洲和平，就被由自身的不合理性而产生的矛盾所冲垮。

名人名言

凡尔赛体系使世界十分之七的人口陷于被奴役的地位。

——列宁

凡尔赛会议的签订会场

弗莱明发现青霉素
抗生素时代来临

青霉素是人类历史上发现的第一种抗生素,它标志着人类医学史进入了一个新的纪元。青霉素广泛应用于第二次世界大战,大大降低了战争所带来的死亡率,被认为是改变人类命运的发明之一。

弗莱明

1928年9月的一天,英国伦敦圣玛丽医院的一间小小的实验室里,一个名叫亚历山大·弗莱明的苏格兰人正忙碌着。他是一位细菌学家,长期致力于对抗菌药物的研究。

他培养了一些葡萄球菌,这是一种引起传染性皮肤病脓肿的常见细菌。弗莱明一边观察着菌种的生长情况,一边和一位同事闲谈。忽然,他的视线被什么东西吸引了,原来一只葡萄球菌的培养皿由于没盖好盖子,使得空气中的霉菌乘虚而入,原本呈金黄色的葡萄球菌此时却长出了一团青绿色的霉花。东西发霉本是一个常见的现象,实在不足为奇,但有着敏锐观察力的弗莱明却发现了一个非常奇怪的现象:在霉花周围出现了一圈清澈的环带,也就是说青色霉菌消灭了它接触到的黄色葡萄球菌,这激起了弗莱明的好奇心,他将培养皿拿到显微镜下观察,证实在霉花附近的葡萄球菌确实已经死掉了。

此后,在长达4年的时间里,弗莱明对这种神秘的但具有极强效力的霉菌进行了研究。结果表明,青霉菌与面包或奶酪里的霉菌没什么区别,广泛存在于自然界。但是,它却对许多能引起人类严重疾病的传染病菌有显著的抑制和破坏作用,而且杀菌力极强,即使稀释1000倍,也能保持原来的杀菌力,它的另一个优点就是对人和动物身体的危害极小。

在第二次战争中,青霉素发挥了它巨大的疗效。95%的受伤士兵通过青霉素的治疗获得了新生。因感染肺炎死亡的士兵也由一战的18%降到了1%,弗莱明因对青霉素研制的巨大贡献而获得了1945年的诺贝尔生理学及医学奖。

世界经济危机

大萧条来临

　　1929年爆发的资本主义世界经济危机持续了4年之久，它波及范围很广，破坏性特别大。危机期间，资本主义世界的工业生产下降1/3以上，国际贸易额减少2/3，失业人数更是高达3 000万以上，这次危机甚至影响到了后来的国际关系和政治格局。

　　战结束后，各国经济发展进入了一个相对稳定时期，都有不同程度的增长，美国还出现了所谓的"柯立芝繁荣"。但实际上，资本主义世界在20世纪20年代的普遍繁荣已经孕育着一场规模空前的大危机了。

　　由于美国是当时资本主义世界头号经济大国，又是最大的债权国，美国经济同其他资本主义国家和世界市场有着非常密切的联系。危机很快从美国蔓延到德、日、英、法等主要资本主义国家，席卷了整个资本主义世界。资本主义国家为了转嫁危机，又使危机波及殖民地、半殖民地和不发达国家，所涉及的地域范围空前广阔。

　　美国在这次危机的打击下损失最为严重，在这种形势下，罗斯福以主张加强政府对经济干预的竞选宣言，赢得绝大多数选民的支持，击败了胡佛，当选为美国第32任总统，并实施了"新政"。

　　罗斯福"新政"在一定程度上减轻了经济危机对美国社会的严重破坏，促进了社会生产力的恢复，巩固了资本主义的统治。新政采取的国家全面干预经济的政策，开了资本主义国家加强经济干预的先河。它不仅成为现代美国国家垄断资本主义经济制度的开端，而且对其他许多资本主义国家经济政策的发展产生了重要影响。

大萧条造成的美国失业大军

影响人类进程的大事

罗斯福"新政"
用国家调节缓解矛盾

罗斯福"新政"是 20 世纪资本主义发展历程中的重大事件,它帮助美国的资本主义制度度过了 1929~1933 年的一场空前大灾难。美国的资本主义制度得救了,世界资本主义体系也缓过气来了。这就使得"新政"能够在美国历史和世界历史中获得一席之地。

罗斯福是美国历史上唯一连任 4 届的总统。他推行新政,领导美国参加反法西斯战争,倡导建立联合国,这些为世界格局的形成和美国社会的发展作出了巨大贡献。

一战过后,美国经济在股票、债券等"经济泡沫"的影响下迅速增长,创造了资本主义经济史上的奇迹。但这一时期的繁荣却潜伏着深刻的矛盾和危机。首先,美国农业长期处于不景气状态,农村购买力不足;其次,美国工业增长和社会财富的再分配极端不均衡。工业增长主要集中在一些新兴工业部门,而采矿、造船等老工业部门都开工不足,纺织、皮革等行业还出现了减产危机,大批工人因此而失业。这一时期兼并之风盛行,社会财富越来越集中在少数人手中。此外,国际收支也加深了美国经济的潜在危机。美国日益增长的经济力同供应大大超过国内外有支付能力的需求,这一切都预示着一场大危机的到来。

失业人数的增加使城市变得拥挤,有些人不得不在路旁的帐篷里求得"一席之地"。

1929 年 10 月 24 日,一场经济危机风暴席卷美国,从 10 月 29 日开始的一周内,美国人在证券交易所内失去的财富达 100 亿美元。为了维持农产品的价格,农业资本家和大农场主大量销毁"过剩"的产品。到 1932 年,钢铁工业下降了近 80%,汽车工业下降了 95%,至少 13 万家企业倒闭,占全国劳工总数 1/4 的人口失业,城市中的无家可归者比比皆是。

罗斯福就任总统后，为应对危机，采取了一系列后来被称为"新政"的政策。他先从整顿金融入手，重建银行和经济结构。1933年3月6日，罗斯福宣布全国银行"休假"，3月9日，国会通过《紧急银行法令》，对银行采取个别审查、颁发许可证制度，对有偿付能力的银行，允许尽快复业。由于采取了这些措施，银行信用很快恢复，银行存款在不到1年的时间里增加了近20亿美元！

在整顿农业方面，"新政"的措施是：提高物价，减少农业生产，克服农产品过剩。物缺则贵的法则发生了作用，随着农业生产的下降，加上1933～1934年遭到严重旱灾，农产品价格开始回升。

罗斯福虽然身有残疾，但却才华出众，意志坚定。他还是一位富有爱心的家长，图为罗斯福与自己的家人在一起。

1933年春天，罗斯福政府制定了旨在整顿工业的《全国产业复兴法》，其内容共分两部分：第一部分的宗旨是订立公平竞争规约；第二部分提出要成立"公共工程署"，并为此拨款33亿美元。7月又提出订立"一揽子规约"的想法，规定如愿意合作的雇主应保证遵守全国复兴总署规定的最低工资和最高工时的标准。200万雇主接受了"一揽子规约"，并在企业门口悬挂以印第安人的雷鸟为蓝本而设计的蓝鹰徽作为服从规约的标志。

在"新政"中，救济是一个主要方面。在进行直接救济的同时，更主要的方面是以工代赈。罗斯福上任后从一开始就倾注了极大的力量兴办大规模的公共工程，以增加就业机会。1935年4月28日，罗斯福正式宣布工赈计划，明确规定对有工作能力的失业者不发放救济金，而是帮助其通过参加不同的劳动获得工资。

名人名言

任何地方和平遭到破坏都会危及世界各国的和平。

——罗斯福

以改革、复兴和救济为核心的罗斯福"新政"大大缓解了大萧条所带来的经济危机，很大程度上缓解了美国的社会矛盾，改善了美国人民的生活。

第二次世界大战
世界人民反法西斯战争

"斯图卡"是第一批越过波兰边境实施空袭的德军飞机

苏联的狙击手经常成功地利用废墟作为掩体,给德军造成了极大威胁。

第二次世界大战历时6年,把世界上60多个国家、20多亿人拖入了战争。二战所带来的血腥杀戮,所造成的巨大破坏,长久地反映在战后人类的社会生活各个方面。但是二战也对军事武器的发展起到了重大推动作用,而这些军事领域的突破又直接催生了战后人类的第三次科技革命。

第一次世界大战后,按照英、法、美等主要战胜国的意志确立了凡尔赛华盛顿国际关系体系。战败的德国不甘心于《凡尔赛和约》给予的严厉惩罚和约束。由于德、日、意等国的实力很快得到恢复和加强,要求重新瓜分世界,成为英、法、美等国的对手。随着1929~1933年世界资本主义经济危机的爆发,帝国主义制度的各种基本矛盾重新尖锐化并愈演愈烈,以致发展到诉诸战争。

1939年9月1日,德国以优势兵力对波兰发动闪电式进攻,迅速突破波军防线。波兰战败后,德国又扩充兵力和调整部署,准备入侵北欧。1940年4月9日,德国入侵丹麦,迫使丹麦投降;同时入侵挪威。10日,挪威全境沦陷。德国在北欧得手后,于5月10日闪击荷兰、比利时、卢森堡和法国,出动空军袭击四国机场,使用空降兵抢占荷、比战略要地。

为取得日后对苏作战的

南方战略基地和争夺地中海、北非和中东地区，德国还决心入侵巴尔干。1941年4月，德军占领贝尔格莱德。两个月之后，苏德战争爆发后。1942年4月5日，希特勒下令集中主力向斯大林格勒方向突击，夺取高加索油田，切断苏军战略补给线。9月13日，德军攻入斯大林格勒市区，但未能占领整个城市，苏军的顽强抵抗为斯大林格勒会战转入反攻阶段创造了条件。

1945年8月6日，一架B-29轰炸机将一枚名叫"小男孩"的原子弹投掷到日本的广岛市，瞬间摧毁了这座城市。

在19世纪中叶崛起的日本，是亚洲和太平洋地区的战争策源地。1936年11月25日，日本与德国签订《反共产国际协定》，与德国法西斯结成"轴心"国军事同盟，侵略与扩张的气焰极其嚣张。1937年7月7日，日本开始全面侵占中国，中国人民的抗日浪潮随之兴起。1940年8～12月，八路军向华北敌交通线和据点发动百团大战，给华北日军以沉重打击。中国坚持团结抗战，牵制了日本陆军主力，从而有力地支援了苏联，配合了美英的"先欧后亚"战略。

1941年12月7日，日本海军对驻珍珠港的美国太平洋舰队实施突然袭击。同日，日本向美、英宣战；美、英、荷、中、加等20多个国家相继对日宣战，第二次世界大战随之进入新的阶段，交战规模也达到高潮。

1944年，美军占领马绍尔群岛和马里亚纳群岛，并夺回菲律宾，完全控制了中太平洋，并突破了日本的"内防御圈"。至1945年8月底，盟军攻至泰缅边境地区，在东南亚地区取得对日作战胜利。8月6日，美国对日本广岛实施人类历史上首次核攻击。8月8日，德国投降，苏联对日宣战，日本陷入空前孤立之中。9日，苏军实施远东战役，美国又对长崎实施核攻击。15日，在盟国的强大打击下，日本天皇通过广播宣布无条件投降。9月2日，日本代表在投降书上签字，至此，太平洋战争和第二次世界大战同时宣告结束。

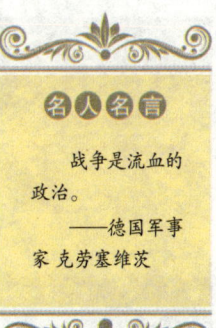

名人名言

战争是流血的政治。

——德国军事家 克劳塞维茨

偷袭珍珠港
太平洋战争的开端

日军偷袭珍珠港的美军基地，是二战中具有标志性意义的事件之一，它象征着当时日本短暂的战术胜利和美国的悲剧，并且直接导致美国走出孤立主义，参加第二次世界大战，从而彻底扭转了二战的局面。

苏德战争爆发后，欧洲战场战火熊熊，列强无暇东顾，因此日本想趁此绝佳时机扩大自己的侵略战果。为了在亚太地区建立起它梦寐以求的"大东亚共荣圈"，日本于1941年确定了"南进战略"。同年7月，日军入侵东南亚，但是部署在太平洋的美国海军是日本南进过程中的一个巨大障碍，因此，两国的矛盾越积越深。1941年10月，极端好战的东条英机出任日本首相，加快了战争的步伐，他决定立即准备和美国开战。

美国太平洋舰队是日本军国主义南进太平洋的最大障碍，使用飞机偷袭珍珠港，是山本五十六早在10年前就确定的对美作战计划的一部分。

为了进行这场偷袭，日本方面做了充分准备，并有意迷惑美方。在事件发生以前，日本还派了特使到华盛顿去谈判，要求和平解决两

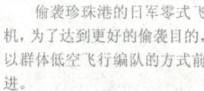

偷袭珍珠港的日军零式飞机，为了达到更好的偷袭目的，以群体低空飞行编队的方式前进。

实施海上作战,绝对离不开珍珠港这个通信和保障中心。
——美国五星上将 尼米兹

1941年12月7日,在没有宣战的情况下,日本突然袭击美国海军的主要基地夏威夷的珍珠港,这次袭击给美国太平洋舰队带来了几乎是毁灭性的打击。

国争端,同时,偷袭珍珠港的特遣舰队也出发了。这支特遣舰队在11月26日就秘密离开日本,沿着严寒多雾的北方航线,隐蔽前进,偷偷摸摸在海上航行了12天,居然没有被发现。1941年12月7日夏威夷时间7点55分,在离瓦胡岛以北368千米处,潜伏已久的攻击飞机从舰上起飞,扑向珍珠港,袭击了珍珠港中的美国太平洋舰队。日军的攻击持续约1小时,击沉3艘战列舰,炸毁大量飞机,自己仅损失飞机9架。

第一批日机离去,第二批171架又来狂轰滥炸,偷袭一共持续了95分钟,麻痹大意的美军被打了个措手不及,虽然美国航空母舰因偶然的缘故不在现场,但是5艘主力舰被击沉,3艘严重受损,另40多艘舰艇也遭到不同程度的损失,300架海、陆军飞机被炸毁,死伤人员达3500多人。这次偷袭,美国太平洋舰队几乎全军覆没,而日本仅损失了29架飞机。

罗斯福正式签署对日作战书

珍珠港事件发生后的第二天,美国国会立即宣布,美国与日本处于战争状态,太平洋战争由此全面爆发了。

《大西洋宪章》的制定
联合国宪章的基础

第二次世界大战期间，美、英两国政府首脑会晤后发表了《大西洋宪章》，它是宣布对德作战目的的纲领性文献。宪章对鼓舞世界人民的反法西斯斗争、促进反法西斯联盟的形成起了积极的历史作用，并成为以后联合国宪章的基础。

第二次世界大战爆发以来，大英帝国的处境每况愈下。随着德国法西斯侵略战火的不断扩大，一直未直接卷入战争的美国也日益面临战争的严重威胁。美、英从各自切身利益和安全考虑，迫切要求调整相互间的关系，并重新安排他们的全球战略。在这种情况下，《大西洋宪章》产生了。

1941年8月9~12日，美国总统罗斯福和英国首相丘吉尔在大西洋东北部的纽芬兰阿根夏湾的美国军舰"奥古斯塔"号上举行会晤。8月14日发表了联合宣言，史称《大西洋宪章》，这份宣言表示了美英粉碎纳粹暴政的决心和援助苏联的意愿。

《大西洋宪章》在当时历史条件下，对于动员世界人民，加强反法西斯联盟，打败德、意、日侵略者，无疑起着积极的作用。美国依仗其经济实力而极力强调把"机会均等""海上自由"的原则塞进宪章，这反映了美国要争夺英国殖民地的野心。然而，总的说来，《大西洋宪章》不仅标志英、美两国在反法西斯基础上的政治联盟，而且也是后来联合国宪章的基础。苏联政府明确表明了自己的原则立场：当前必须集中力量，尽快地解放被希特勒奴役的各国人民，在战后必须消灭法西斯。

《大西洋宪章》的发表，从法律上巩固了反法西斯各国在军事、政治和经济上的联盟关系，世界上拥有巨大人力和军事资源的大国结成反法西斯联盟，这是彻底战胜法西斯集团的可靠保证。

各国代表在美国"奥古斯塔"号军舰上签署《大西洋宪章》

太平洋战争
战争史上的绝笔

太平洋战争是有史以来规模最大的海空大战。参战国家多达37个，涉及人口超过15亿，交战双方动员兵力在6 000万以上。作战区域北至北极圈内的阿留申群岛，南至赤道附近的新喀里多尼亚岛，西至中国及南洋诸岛国，东至美国西部沿海，是人类战争史上最大的战场。

正当欧洲战场上战火熊熊之际，扩张成性的军国主义国家——日本也在磨刀霍霍。日本为了在亚太地区建立起它梦寐以求的"大东亚共荣圈"，于1941年7月确定了"南进战略"。

1941年10月，极端好战的东条英机出任日本首相，加快了准备战争的步伐。1941年12月7日夏威夷时间7点55分，从日本机动部队航空母舰上起飞的轰炸机袭击了珍珠港中的美国太平洋舰队。美国人被打了个措手不及，虽然美国航空母舰因偶然的缘故不在现场，但是5艘主力舰被击沉，3艘严重受损，300架海、陆军飞机被炸毁。日本仅损失了29架飞机。这一事件使美国威望扫地，珍珠港的惨败促使美国举国一致地投身于第二次世界大战之中，太平洋战争从此拉开了帷幕。

东条英机

中途岛海战于1942年6月4日展开，是第二次世界大战一场重要的战役。美国海军不仅在此战役中成功地击退了日本海军对中途岛的攻击，还因此得到了太平洋战区的主动权。所以这场战争可说是太平洋战区的转折点。

由于日军偷袭珍珠港，激起了全体国民的同仇敌忾，战争机器迅速发动起来。为了扭转太平洋战场的形势，美国重新进行了战略部署，把太平洋和亚洲地区划分为两个战区。1942年3月，麦克阿瑟上将被任命为西南太平洋战区盟军总司令，指

影响人类进程的大事

挥包括澳大利亚和新西兰的陆海空三军；4月，又任命太平洋舰队司令尼米兹海军上将为太平洋地区总司令。美军的战略是，阻止日军的进一步侵略，控制夏威夷岛到中途岛一线，维护美国西海岸的交通线。

1942年5～6月，日本为了切断美国和澳大利亚的联系，相继进攻所罗门群岛和东部新几内亚以及中途岛。在珊瑚海海战（5月7～8日）、中途岛海战（6月4～5日）中，日方损失惨重。

珊瑚海海战是人类历史上航空母舰的首次大规模交锋。日本舰队在实施其占领澳大利亚的第一个步骤——进攻莫尔兹比（新几内亚首都）港口，途中遭遇弗兰克·弗莱彻少将率领的两艘美国航空母舰"约克城"号及"莱克星顿"号，这两艘航母由7艘巡洋舰护卫。美国击沉了日本航空母舰"祥凤"号，严重损伤"翔鹤"号，但失去了"莱克星顿"号。珊瑚海战斗对于阻止日本入侵澳大利亚起到了决定性作用。

中途岛海战中，美军只损失1艘航空母舰、1艘驱逐舰和147架飞机，阵亡307人；日本却损失了4艘大型航空母舰、1艘巡洋舰、330架飞机，还有几百名经验丰富的飞行员和3 700名舰员。日本海军从此走向了失败。为了掩护自己的惨败，避免挫伤部队的士气，6月10日日本电台播放了响亮的海军曲，并宣称日本已"成为太平洋上的最强国。"当惨败的舰队疲惫不堪地回到驻地时，东京竟举行灯笼

中途岛—阿留申群岛战役中，曾经耀武扬威的日军零式飞机遭到了沉重的打击。

游行以庆祝胜利。

同年8月7日，美军开始局部反攻，在所罗门群岛的瓜达尔卡纳尔岛登陆，展开了长期的争夺战。因为美方掌握了制

中途岛海战中，日军的航空母舰，与巡洋舰遭受了沉重的打击损失惨重。

空和制海权，日军连受重创，死亡2.46万人，损失舰艇30余艘、飞机300架。残兵被迫于1943年2月从该岛撤走。瓜达尔卡纳尔岛战役之后，美军在太平洋只展开了有限的进攻；日军虽进行反扑，但却徒劳无功。同年4月，日本海军主帅山本五十六被美机伏击毙命。

进入1943年，美军在太平洋战场上，经过中途岛、新几内亚岛、瓜达尔纳尔岛等战役，逐步扭转了战争初期的被动，夺取了战略主动权。而同时，日本在太平洋上的战略防御体系是依托一系列岛屿所形成的三条岛链，组织起坚固防御。美军有计划地进行前进基地建设，从萨摩亚群岛出发，沿图瓦卢群岛向吉尔伯特群岛逐步推进。尽管美军的推进很糟糕，但是日军还是没能抵住美军的进攻。此次战役，美军损失惨重，但积累了经验，成为太平洋战争美军"胜利的摇篮"。吉尔伯特群岛战役的胜利，用事实证明，登陆方在强大的航母舰队和岸基航空兵的有力支援下，完全能够占领有着坚固防御的岛屿。美军消除了从珍珠港到南太平洋和西南太平洋海上交通线的威胁，对于以后的登陆战中减少人员伤亡和物资损失具有非常重要的意义！1945年8月15日，日本天皇颁布诏书，宣布无条件投降，太平洋战争以同盟国的彻底胜利而告结束。

作为第二次世界大战的一部分，太平洋战争是人类历史上一次巨大的浩劫。在这场以法西斯轴心为一方，以反法西斯同盟为另一方的大战中，双方投入的兵力兵器之多、战场波及范围之广、作战样式之新、造成的损失之大、产生的影响之深远都是前所未有的。

名人名言

我不赞成先发制人的战争。我相信只要存在任何成功的希望，就必须运用外交手段。和平是可以获得的，只要我们具有勇气、耐心和才智。

——美国五星上将 尼米兹

德黑兰会议
加速二战结束进程

名人名言

现在不是结束，甚至结束都没有开始，但这可能是开始阶段的结束。

——丘吉尔

第二次世界大战期间，苏、美、英三国政府首脑在伊朗首都德黑兰举行了国际会议。这次会议对维护和加强盟国之间的团结与合作，协调军事战略行动，加速反法西斯战争的胜利起到了重要的作用。

日军偷袭珍珠港使美国海军在太平洋战场遭到惨重失败后，美、英两国与苏联进一步结成了同盟，共同对德、意、日作战。既而斯大林格勒保卫战取得了胜利，彻底扭转了欧洲战场的局势。盟军下一步的行动如何协调统一，成了迫在眉睫的问题。于是有了这次历史性的德黑兰。苏、美、英三国首脑、第二次世界大战反法西斯战线的三个主要领导人斯大林、罗斯福和丘吉尔在德黑兰举行会谈，商议反法西斯斗争的下一步行动计划。

德黑兰会议是在反法西斯联盟历史上第一次协调了反对共同敌人的军事战略，通过了东西方盟国联合打击希特勒德国的一致作战计划，为1944年在欧洲夺取反法西斯战争的决定性胜利奠定了基础，从而对大战的进程和结局产生了重大影响。其次，这次会议解决了苏、美、英三大国长期以来存在的一些主要矛盾和分歧，增强了它们之间的相互了解和信任，巩固了国际反法西斯联盟的团结与合作，这又为盟国今后解决其他各种问题和合作重建战后世界和平奠定了基础。

被当时社会各界视为"三巨头"的斯大林、罗斯福、丘吉尔，主导了德黑兰会议的进程。

印度独立
非暴力不合作

影响人类进程的大事

印度独立斗争的胜利是通过和平移交政权实现的，带有不彻底的成分。但是其历史意义是不能低估的：印度和巴基斯坦人民从此可以按照本民族的意志建设自己的国家，抚平殖民地的伤痕，追逐现代化的世界潮流。

欧洲殖民国家早在16世纪就开始入侵印度。到第一次世界大战时，印度已经成为英国最重要的殖民地国家，是"英国皇冠上最明亮的一颗宝石"，而印度人民为争取民族解放自由的斗争一刻也没有停止过。

▲ 甘地

印度是一个有悠久宗教传统的国家，笃信教义的甘地反对任何暴力，主张以忍让与和平的方式解决一切争端，因此他创造了一种独特的争取印度民族独立解放的方式，称为"非暴力不合作运动"。

1930年，英国殖民当局制定和颁布了食盐专营法，引起了当地人民强烈不满。甘地带领印度人民用海水煮盐，自制食盐，以此抵制当局的食盐专营法。殖民当局十分惊恐，他们逮捕了甘地和国大党其他领导人，并下令取缔国大党。

甘地被捕的消息一传开，顿时举国沸腾。不久，各地爆发了武装起义，有的地方宣布独立，建立自治政权。印度的民族独立运动正脱离"非暴力"的轨道，走向暴力革命。

迫于无奈的英国殖民当局于1931年1月释放了甘地，撤销了取缔国大党的禁令。随后，与甘地达成了协议：甘地停止不合作运动，而当局则释放政治犯，允许沿海人民煮盐。这就是《甘地—艾尔文协定》。这一协定只是满足了印度人民部分要求，却与甘地为之奋斗的印度独立的目标相去甚远。因此，以后他又发动了几次"个人不合作运动"，继续为印度独立而奋斗。1947年6月，印度半岛建立了两个独立的主权国：以印度教为主的印度和以伊斯兰教为主的巴基斯坦。经过长期的斗争，印度人民终于获得了独立。